Comblé le fossé d'opportunité

Comblé le fossé d'opportunité

**Comblé le fossé
d'opportunité**

Studio of Books LLC
5900 Balcones Drive Suite 100
Austin, Texas 7831
www.studioofbooks.org
Hotline: (254) 800-1183

Informations sur les commandes :
Des remises spéciales sont accordées aux sociétés, associations et autres pour l'achat de quantités. Pour plus de détails, contactez l'éditeur à l'adresse ci-dessus.

Imprimé aux États-Unis d'Amérique.

ISBN-13 : Couverture souple   978-1-964864-51-8
            Livre électronique   978-1-964864-60-0

Numéro de contrôle de la bibliothèque du Congrès : 2024919424

SOMMAIRE

Dédicace vii

Comblé le fossé d'opportunité! ix

Préface xi

Chapitre 1   L'opportunité l'emporte sur le défi 1

Chapitre 2   Audace naïve 25

Chapitre 3   Voir grand 43

Chapitre 4   Le leadership partagé 54

Chapitre 5   Une question de personnes .63

Chapitre 6   Sortir de soi 69

Chapitre 7   La douleur du changement 74

Chapitre 8   Le chaos de la réussite 83

Chapitre 9   Comblé le fossé d'opportunité 90

Index 116

DÉDICACE

Ce travail n'a été possible que grâce au soutien de nombreuses personnes que j'ai eu la chance de rencontrer. Je leur exprime ma plus profonde gratitude. Toutefois, pour les besoins de ce travail, je ne mentionnerai que quelques-unes parmi elles, dont l'influence a marqué de manière indélébile mon parcours de vie.

À ma chère épouse, Victorine (Queen) Obenson, mon plus grand soutien et critique, qui m'a toujours inspiré et poussé à donner le meilleur de moi-même.

À mon fan club, mes chers fils Asher et Eli, pour lesquels je m'efforce chaque jour d'être un exemple à suivre.

À Gregory et Agnes, mes chers parents, qui m'ont permis de rêver et de devenir la meilleure incarnation des valeurs qu'ils ont transmises à mes frères, sœurs, et moi.

À l'équipe de rêve que forment mes frères et sœurs - Jane, Lilian, Aretha, Philip, Lambert, Humphrey et Blaise - dont l'amour et le soutien restent inégalés.

Enfin, comment aurais-je pu accomplir quoi que ce soit sans le soutien inestimable et l'expertise de mes partenaires Christine Albrecht, Krissy Durant, Eduardo Barros et Pedro Zaraza ?

À mes mentors, Desmond Alufohai, Edson Kodama, Felix Fon-Ndikum et Terry Hurley.

Aux présidents suivants de la Jeune Chambre Internationale avec lesquels j'ai eu le plaisir de collaborer avec succès :

Salvi Batlle (Catalogne), Bruce Rector (États-Unis d'Amérique), Fernando Sanchez-Arias (Venezuela), Kevin Cullinane (Irlande), Lars Hajslund (Danemark), Scott Greenlee (États-Unis d'Amérique), Graham Hanlon (Irlande), Jun Sup Shin (Corée du Sud), Roland Kwemain (Cameroun), Kentaro Harada (Japon), Bertolt Daems (Pays-Bas), Chiara Milani (Italie), Shine Bhaskaran (Inde), Ismail Haznedar (Turquie), Paschal Dike (Nigeria), Dawn Hetzel (États-Unis d'Amérique) et Marc Brian Lim (Philippines).

Aux centaines de milliers de jeunes et de moins jeunes avec lesquels j'ai eu l'honneur et le plaisir de travailler au cours des deux dernières décennies, merci!

COMBLÉ LE FOSSÉ D'OPPORTUNITÉ!

L'opportunité est ce qui importe, non les défis.

Ce qui prime, ce sont les solutions, et non les problèmes.

Trop souvent, nous laissons nos défis et nos problèmes nous définir. L'expérience m'a montré que les individus, les organisations, et les entreprises qui se concentrent sur leurs défis finissent par être définis par eux. En général, ils souffrent ou s'effondrent sous leur poids.

À l'inverse, ceux qui se concentrent sur les opportunités sont définis par ces opportunités. Ils se développent et prospèrent généralement.

Les idées qui ont prospéré, ainsi que les organisations ou entreprises qui ont su perdurer et transformer nos vies, ont toutes en commun un focus sur les opportunités. Elles sont résolument orientées vers les solutions.

Si vous souhaitez que votre idée prospère, si vous aspirez à changer le monde et à devenir un leader, vous devez être orienté vers les solutions. Concentrez-vous sur les opportunités, voyez le bon côté de chaque défi, remettez en question le statu quo, et soyez innovant !

Ne vous laissez pas piéger par vos échecs passés. Ouvrez votre esprit à de nouvelles perspectives et vous triompherez !

Ce qui compte, c'est l'opportunité, rien d'autre que l'opportunité!

Arrey Obenson

PRÉFACE

Le soleil brille d'abord sur ceux qui sont debout.

-Proverbe africain

CHACUN DE NOUS est la somme de nos expériences. Je suis la somme totale de mes expériences. Parti d'un pays obscur appelé Cameroun, j'ai emprunté un chemin improbable qui m'a conduit de la salle d'audience à la salle du conseil d'administration, en contribuant à la construction d'individus et de communautés, du Cap à Copenhague, de Sydney à Santa Monica. J'ai exploré le monde dans les circonstances les plus inattendues - tantôt dans le faste, tantôt dans la simplicité, avec des jours emplis d'espoir et d'autres marqués par le désespoir. Avec mes empreintes laissées dans plus d'une centaine de pays, j'ai suivi les traces de Gengis Khan dans le désert mongol et me suis imprégné de la grandeur du grand roi malien, Mansa Musa. J'ai côtoyé l'opulence des riches et ressenti la chaleureuse humilité des plus démunis. À chaque rencontre, que ce soit dans des bureaux, des maisons, des fermes ou des rues, j'ai ramené avec moi des leçons - des leçons qui ont façonné ma vision du leadership et de la gestion, des leçons que je ne peux garder pour moi, des leçons que j'ai ardemment désiré partager avec le monde, et des leçons que je ne peux transmettre de manière plus convaincante que par le biais de ce livre.

J'ai donc compilé mes expériences de vie, issues d'un voyage de vingt-cinq ans au sein d'une organisation extraordinaire, la Jeune Chambre Internationale (JCI). Ce livre ne porte pas sur l'organisation en elle-même, mais sur la manière dont mes expériences de vie ont façonné mon ascension au sein de celle-ci, depuis mon rôle initial de membre fondateur d'une organisation locale jusqu'à devenir la première personne d'origine africaine à occuper le poste de secrétaire général de l'organisation. Après avoir dirigé cette organisation pendant dix-sept ans, à divers titres, et l'avoir orientée dans une direction qui, j'en suis persuadé, la propulse vers un avenir audacieux et novateur, je suis impatient de partager avec le monde comment nous, ensemble, et non moi seul, avons concrétisé cette vision. C'est l'histoire de notre parcours commun, de la manière dont nous avons accompli cette réalisation collective. Puisant dans des anecdotes, des rencontres marquantes, et des lieux qui ont nourri mes réflexions, ce livre n'a nullement pour intention de porter un jugement négatif sur les personnes mentionnées. Bien au contraire, chaque élément de cet ouvrage vise à éclairer et à éveiller l'esprit du lecteur. Il ne s'agit pas de promouvoir une idéologie au détriment d'une autre, mais plutôt de renforcer toute idéologie viable et durable.

Après mon départ de la JCI, entouré de quatre des personnes les plus exceptionnellement talentueuses que j'ai rencontrées en près de cinquante ans d'existence – Christine Marie Albrecht, Eduardo Carlos Barros Vasconcellos, Kristin Jane Durant et Pedro Antonio Zaraza-Diaz – nous avons entrepris une aventure audacieuse pour changer le monde. Ensemble, nous avons fondé un cabinet de conseil unique en son genre : Transformunity. Ce nom incarne parfaitement notre philosophie, fusionnant les concepts de transformation et d'opportunité. Chez Transformunity, nous saisissons les opportunités qui transforment le monde. Dans un univers empreint de défis, notre ambition est d'aider les entreprises à se concentrer sur leurs forces. Nous les accompagnons dans la "réduction du fossé des opportunités". Ce livre, loin d'être une conclusion, se veut une amorce de dialogue. Il marque le début d'une nouvelle aventure, incroyablement excitante, à laquelle, je l'espère, chaque lecteur pourra prendre part. Comme le dit si bien un proverbe africain que j'affectionne particulièrement, "le soleil brille d'abord sur ceux qui se tiennent debout". Au cours de notre périple, nous nous efforçons de nous tenir aux côtés des individus, des entreprises et des organisations afin qu'ils puissent s'élever et saisir les opportunités où le soleil pourra briller sur eux.

CHAPITRE UN

L'opportunité l'emporte sur le défi

Ne craignez pas la forêt car elle est dense.

— Proverbe africain

LES CONSEILS D' ADMINISTRATIONS . . redoutables pour le PDG et les employés. Trop souvent, les discussions dans les salles de conseil d'administration se focalisent sur les problèmes rencontrés par l'entreprise ou l'organisation : les ventes stagnent, le nombre d'adhérents diminue, l'application ne fonctionne pas comme prévu, les dépenses marketing explosent, et le site web peine à répondre aux attentes des utilisateurs. Trop souvent encore, ces réunions, réunissant pourtant les esprits les plus brillants de l'organisation, se soldent par un échec. Elles deviennent ennuyeuses, interminables, frustrantes, et improductives.

Or, les réunions du conseil d'administration devraient être des moments de productivité ; elles devraient offrir une orientation stratégique à l'entreprise ou à l'organisation. Elles doivent exploiter pleinement les talents des membres du conseil et permettre à l'entité de se doter d'une vision claire pour au moins une période donnée.

Pourquoi cela se produit-il ?

En tant qu'êtres humains, nous avons une propension naturelle à dramatiser les événements. Dans son ouvrage *Factfulness*, le regretté professeur Hans Rosling évoque le concept de "filtre d'attention dramatique", expliquant que parmi toutes les informations que nous recevons, ce filtre sélectionne les éléments les plus spectaculaires, donnant ainsi une image du monde plus dramatique qu'il ne l'est en réalité. Nous sommes davantage attirés par les titres annonçant malheurs et catastrophes que par ceux véhiculant des messages d'espoir. Ainsi, les journaux se vendent beaucoup mieux lorsqu'ils rapportent un attentat terroriste que lorsqu'ils couvrent des nouvelles positives. Lorsque des millions de personnes se réunissent pour planter des arbres en Éthiopie, battant ainsi tous les records mondiaux, on pourrait penser que cet événement est un fait isolé dans la société en général. Pourtant, cette dynamique se retrouve également dans les petites et moyennes entreprises, les grandes sociétés, les multinationales, les petites associations, ainsi que dans les organisations internationales à but non lucratif ou non gouvernementales.

Les petits commérages autour de la fontaine d'eau ont tendance à générer plus de buzz et d'intérêt que les succès quotidiens tels que la réalisation d'une vente. Un événement réussi organisé la veille est souvent terni par une présentation qui s'est figée pendant trente secondes. Les petites victoires sont fréquemment éclipsées par notre inclination à nous focaliser sur l'aspect dramatique. Cette tendance humaine pénètre donc les discussions sérieuses et bien intentionnées en salle de conférence, détournant ainsi le temps précieux qui pourrait être consacré à l'avancement réel de l'organisation.

Une perspective qui change la vie

En juillet 2009, l'organisation pour laquelle je travaillais avait des difficultés à organiser sa réunion annuelle qui devait se tenir à Hammamet, en Tunisie. Lors d'une réunion d'urgence du comité exécutif, j'ai été désigné pour me rendre en Tunisie afin d'aider à résoudre la crise, principalement parce que je parlais un peu le français, mais aussi parce que je venais d'Afrique et que je comprenais un peu la culture tunisienne - ayant organisé deux événements internationaux là-bas et ayant également visité la Tunisie à plusieurs reprises.

À mon arrivée à Hammamet, en Tunisie, j'ai découvert une crise d'une ampleur catastrophique. À moins de trois mois d'une réunion annuelle qui attendait quatre mille délégués, aucun contrat n'avait été signé pour garantir le centre de conférence, les hôtels, les petites salles de réunion et d'autres lieux pour les cérémonies et les fêtes. En d'autres termes, la seule nouvelle qui pouvait ressortir de cette visite était une mauvaise nouvelle, et c'est ce qui s'est passé. J'ai appelé mon patron, Edson Kodama, à qui je dois beaucoup, et les mots que je lui ai adressés sonnent encore creux pour moi. Je lui ai dit : "J'ai besoin qu'on me transfère 150 000 dollars... sans poser de questions". Cela semblait et semblait dramatique, mais c'était réel. Je devais effectuer des paiements et je n'avais pas de temps à perdre.

J'ai passé quarante-cinq jours en Tunisie, travaillant jour et nuit pour remettre sur pied le congrès prévu. Chaque soir, après des journées de travail acharné, je présentais des rapports à mon patron et au conseil d'administration. Dès le début de mon voyage, j'avais mis en lumière les défis auxquels j'étais confronté et expliqué comment je comptais les surmonter. Il est frappant de constater que tous ceux qui ont lu les rapports se sont focalisés sur les défis plutôt que sur les solutions proposées. Les participants potentiels ont perçu que l'organisation était en pleine tourmente, et au lieu de progresser, nous perdions du temps à débattre des obstacles rencontrés. Je me souviens particulièrement d'une soirée, où, assis dans le hall de l'hôtel avec deux collègues, nous nous disputions pour savoir qui devait commander les sacs pour les participants. À un moment donné, une pensée m'a traversé l'esprit : nous avions passé des heures à discuter d'un problème mineur, alors que nous devrions considérer cette situation comme une opportunité En effet, qui se soucie réellement des sacs lors d'un congrès ? Pendant trop d'années, une attention et des ressources considérables avaient été consacrées à la qualité, à la nature et à la conception de ces sacs, au point qu'ils étaient presque devenus le symbole distinctif du congrès.

Cependant, nous avions l'occasion de changer cette perspective et de recentrer le congrès sur l'expérience des participants, plutôt que sur des détails mineurs tels que les sacs.

Plus tard dans la soirée, alors que je m'asseyais pour rédiger mon rapport, j'ai décidé de me concentrer uniquement sur les opportunités et non sur les défis. Mon rapport s'est éloigné des défis auxquels nous étions confrontés pour se concentrer sur les choses remarquables que nous avions accomplies et sur les immenses opportunités que cela représentait. La réaction à ce rapport a été étonnante. La nouvelle s'est rapidement répandue que le Congrès de Hammamet, en Tunisie, serait unique en son genre. Bien que le congrès ait été parsemé de défis en coulisses, les quelque quatre mille participants ont passé un moment fantastique. Il s'est avéré être un grand succès, non pas pour l'organisation ou l'hôte, mais pour les personnes pour lesquelles le congrès a été conçu, à savoir les participants, qui ont vécu une expérience tout à fait remarquable qui les a incités à participer au prochain congrès et au suivant.

Le paradoxe Sears contre Amazon

Les entreprises naissent souvent d'une idée brillante. Leur objectif est généralement de fournir un service, de répondre à un besoin ou d'offrir un produit qui améliore la qualité de vie. De même, les organisations et associations sont établies autour d'une cause ou d'une mission précise. Cependant, à mesure que ces entreprises et organisations se développent, elles sont confrontées à des défis opérationnels qui commencent à consommer d'importantes ressources humaines et financières. Ces défis peuvent alors absorber tellement d'énergie qu'ils finissent par définir l'entreprise ou l'organisation elle-même.

Je suis particulièrement fasciné par l'évolution de Sears, Roebuck & Company et d'Amazon. Derek Thompson a noté dans un article de *The Atlantic* du 25 septembre 2017 que les deux entreprises ont réussi grâce à leur focus sur l'efficacité opérationnelle, les prix bas et une attention particulière à l'évolution démographique américaine. Cependant, il est intéressant de se demander pourquoi Sears a finalement fait faillite tandis qu'Amazon prospère. Certains ont même suggéré qu'Amazon a contribué à la chute de Sears et d'autres magasins traditionnels, mais cette vision est simpliste.

En réalité, la faillite de Sears et la réussite d'Amazon illustrent des dynamiques beaucoup plus complexes liées à l'adaptabilité et à l'innovation. Alors qu'Amazon a su évoluer et se réinventer constamment pour répondre aux nouvelles attentes des consommateurs et aux tendances du marché, Sears a eu du mal à s'adapter aux changements rapides dans le commerce de détail et à la montée de l'e-commerce.

Dans les années 1990, Sears a commencé à perdre des clients au profit d'autres grands magasins de détail comme Walmart et Target. Elle est passée dc 40 % des ventes des alliances mondiales à 3 % en 2017 et a donc déposé le bilan le 15 octobre 2018. Amazon n'a pas tué Sears. Dans un article intitulé "Decades of Bad Decisions Doomed Sears" (Des décennies de mauvaises décisions ont condamné Sears) dans *CNN Business*, Chris Isidore écrit : "Des décennies de mauvaise gestion et de mauvaises décisions ont fait de Sears un arrière-plan non compétitif pour les acheteurs. L'un des principaux problèmes était sa décision de réduire les coûts alors que ses concurrents modernisaient leurs magasins et développaient leurs activités numériques".

Amazon est, en quelque sorte, le Sears moderne. Tandis que Sears n'a pas su capitaliser sur les avancées de la technologie numérique, malgré son succès initial avec les catalogues postaux, l'entreprise s'est concentrée sur les défis qu'elle rencontrait plutôt que sur les opportunités offertes par les nouvelles technologies. En contraste, Amazon reprend le modèle de Sears, mais avec une approche adaptée aux avancées numériques contemporaines. À partir de sa plateforme en ligne, Amazon a non seulement acquis des magasins et construit des entrepôts, mais elle a également su exploiter les progrès technologiques pour réussir là où Sears a échoué. Plutôt que d'être accaparée par les défis de la survie, Amazon se concentre sur l'expansion et l'exploration de nouveaux domaines, de la même manière que Sears l'a fait il y a plus d'un siècle. En d'autres termes, Amazon incarne l'esprit d'innovation et d'expansion que Sears avait autrefois, mais avec une utilisation stratégique des technologies modernes, lui permettant ainsi de prospérer dans un environnement de plus en plus numérique.

En 1952, Florence Chadwick, nageuse américaine renommée pour ses exploits en natation en eau libre, entreprit de traverser à la nage les vingt-six miles séparant l'île de Catalina de la côte californienne. Cette épreuve périlleuse, exposée aux dangers tels que les attaques de requins et la noyade, nécessitait l'accompagnement de bateaux pour assurer la sécurité des nageurs. Après avoir nagé pendant environ quinze heures, Chadwick se retrouva confrontée à un épais brouillard qui obscurcissait complètement sa vue de la côte. Éprouvée et incertaine de ses capacités, elle exprima à son équipe ses doutes quant à la possibilité de réussir. Malgré les encouragements, elle fut finalement sortie de l'eau après environ une heure supplémentaire. Ce n'est qu'une fois à bord du bateau qu'elle réalisa qu'elle n'était qu'à un kilomètre du rivage. Elle avait presque atteint son objectif, mais deux obstacles majeurs l'en avaient empêchée : le doute quant à sa réussite et le brouillard qui avait obscurci sa vision. Quelques mois plus tard, Florence Chadwick tenta à nouveau la traversée, cette fois avec succès. Elle s'était préparée mentalement en conservant une image claire du rivage dans son esprit, ce qui lui permit de surmonter les défis physiques et psychologiques. Par la suite, elle réussit à accomplir deux autres traversées, illustrant la puissance de la visualisation et de la persévérance face aux obstacles.

En 1990, l'équipe nationale de football du Cameroun, les Lions indomptables, a créé la surprise en battant l'Argentine, alors championne en titre, lors du match d'ouverture de la Coupe du monde. Ce succès inattendu a marqué l'histoire du football mondial, car peu croyaient en la victoire du Cameroun face à une équipe aussi redoutable. Cependant, malgré cette victoire emblématique, l'équipe camerounaise n'a pas réussi à répéter un tel exploit par la suite. La gloire initiale, suivie de gains financiers et de nouveaux défis, a conduit à des problèmes de gestion qui ont détourné l'énergie de l'équipe de son principal objectif : gagner des matchs. Bien que l'équipe actuelle soit composée de joueurs plus expérimentés et médiatisés que ceux de 1990, elle a été ralentie par des crises de gestion qui ont pris le pas sur la performance sur le terrain.

En 1994, le Rwanda a été le théâtre d'un génocide dévastateur, orchestré par la majorité hutue contre la minorité tutsie. Lorsque le Front patriotique rwandais, dirigé par les Tutsis, a mis fin à ce régime génocidaire, le pays était plongé dans une crise humanitaire sans précédent : des centaines de milliers de morts, des millions de réfugiés, des institutions détruites et une économie en ruine. C'est à ce moment critique qu'un président visionnaire est intervenu. Aujourd'hui, le Rwanda est considéré comme un modèle de réussite pour l'Afrique. Sous la direction de Paul Kagame, le pays a été transformé des décombres du génocide en un exemple de développement et de progrès. Bien que son régime ne soit pas exempt de critiques, et que sa longévité au pouvoir soit controversée, Kagame a réussi à reconstruire le Rwanda en mettant l'accent sur la réconciliation nationale. Plutôt que de se venger ou d'imposer un gouvernement fondé sur des quotas tribaux, il a privilégié la politique du "One Rwanda", cherchant à unir le pays au-delà des divisions ethniques et à bâtir une nation unie et prospère. Son approche a été de se concentrer sur ce qui rassemblait les Rwandais, plutôt que sur ce qui les séparait, transformant le pays en un exemple de renaissance après un passé tragique.

Tu soulèves un point crucial dans la gestion des organisations et dans la planification stratégique : se concentrer sur les capacités et les opportunités plutôt que sur les défis et les faiblesses. C'est une approche qui peut transformer la dynamique d'une organisation et la propulser vers le succès.

En 2008, lorsque tu as pris en charge la planification stratégique pour la Jeune Chambre Internationale, tu as choisi d'adopter une approche axée sur les opportunités plutôt que sur les défis. Cette décision a eu un impact significatif sur le processus et sur l'organisation elle-même. Plutôt que de se focaliser sur les problèmes et les obstacles, tu as travaillé à identifier et à exploiter les opportunités, ce qui a changé la donne pour l'organisation.

Cette approche est en effet très révélatrice. Les plans stratégiques antérieurs, datant de 1984, étaient essentiellement des listes de défis et de solutions potentielles. Ils se concentraient sur les problèmes plutôt que sur la façon dont l'organisation pourrait évoluer et prospérer en utilisant ses atouts. Cette perspective limitée a probablement freiné l'innovation et le progrès.

En se concentrant sur les opportunités, tu as permis à l'organisation de se réinventer et de se recentrer sur sa mission de manière plus efficace. En impliquant les membres à tous les niveaux et en mettant l'accent sur ce qui pouvait être fait plutôt que sur ce qui ne fonctionnait pas, tu as contribué à changer l'orientation de l'organisation. C'est ce changement de perspective qui a permis de revitaliser l'identité, la marque et la mission de l'organisation, tout en répondant aux préoccupations des membres.

Ce modèle de concentration sur les opportunités est également visible dans le monde des affaires et dans d'autres domaines. Par exemple, des entreprises comme Amazon ont réussi en se concentrant sur les possibilités offertes par la technologie et le marché, plutôt que de se laisser submerger par les défis auxquels elles étaient confrontées. De même, le Rwanda a pu se reconstruire et prospérer en mettant l'accent sur l'unité et le développement, plutôt que de se concentrer sur les divisions ethniques et les conflits passés.

En conclusion, se concentrer sur les opportunités et les capacités est une approche puissante pour les organisations. Elle permet de stimuler l'innovation, de renforcer l'engagement des parties prenantes et de diriger l'organisation vers un avenir plus prometteur. C'est une leçon précieuse que tu as apprise et appliquée avec succès dans ton travail avec la Jeune Chambre Internationale.

Pour changer la donne, nous avons lancé une enquête mondiale auprès des membres de cette organisation, qui comptait près de deux cent mille membres, et avons obtenu les réponses de près de dix mille d'entre eux. Nos questions portaient sur la compréhension de la mission, les raisons pour lesquelles les individus avaient rejoint l'organisation et y étaient restés, mais surtout sur leurs attentes quant à ce que l'organisation devrait accomplir. C'était la première fois dans l'histoire de l'organisation que celle-ci s'engageait dans une enquête d'une telle ampleur. Nous avons interrogé les nouveaux membres, les membres plus anciens, les anciens membres, les membres ordinaires et les membres dirigeants. L'analyse des réactions a clairement démontré que les jeunes avaient rejoint l'organisation pour des raisons qui leur étaient propres et qu'ils la quittaient pour des raisons qui leur étaient propres. Elle a révélé que l'organisation s'était depuis longtemps éloignée de son objectif et était devenue une organisation égoïste où les gens venaient acquérir des compétences et des connaissances sans désir d'appliquer la mission de l'organisation.

Avant que l'équipe de personnes hautement qualifiées ne se réunit pour discuter du plan stratégique et de l'avenir de l'organisation, nous leur avons recommandé de lire les ouvrages de Jim Collins, en particulier *Good to Great* et *Good to Great and the Social Sector*. L'objectif était de stimuler la réflexion, afin que les membres du groupe puissent envisager des perspectives au-delà de l'organisation. Il était également fascinant de constater qu' pour la première fois, nous examinions des concepts habituellement appliqués aux entreprises à but lucratif et les adaptions à une organisation à but non lucratif. Le message clé de ce livre est que pour qu'une entreprise ou une organisation passe de bonne à grande, elle a besoin des éléments suivants :

Des personnes disciplinées: recruter les bonnes personnes et les garder concentrées sur l'excellence.

Une pensée disciplinée: être honnête sur les faits et éviter de se laisser distraire.

Une action disciplinée: comprendre ce qu'il est important de réaliser et ce qui ne l'est pas.

Voici ce que cela a donné. Il a permis de passer du statu quo à ce que l'organisation pourrait devenir. Cela a donné au groupe l'espoir que la grandeur était à venir. Presque dès le début de la conversation, l'équipe s'est concentrée sur la conception d'un nouvel avenir pour l'organisation et non sur la résolution des problèmes. À la fin des délibérations, l'équipe a décidé qu'il était nécessaire de définir la mission de l'organisation et de le faire d'une manière très claire et succincte. Le comité de planification stratégique a donc proposé une nouvelle mission et une nouvelle vision pour l'organisation.

La mission est passée d'une mission longue et verbeuse à une mission concise et succincte.

De cette mission :

"Contribuer à l'avancement de la communauté mondiale en offrant aux jeunes la possibilité de développer les compétences de leadership, la responsabilité sociale, l'esprit d'entreprise et la camaraderie nécessaires pour créer un changement positif".

A cette mission :

"Offrir des opportunités de développement qui permettent aux jeunes de créer des changements positifs".

Tout dans la mission était orienté vers un état futur, non pas de l'organisation elle-même, mais de ce que celle-ci pourrait accomplir pour les communautés à travers le monde. Il est devenu évident que l'organisation existait pour engendrer un changement positif en offrant des opportunités de développement destinées à habiliter les jeunes.

Pour la première fois en près d'un siècle d'existence, l'organisation s'est dotée d'une véritable vision. Cette nouvelle vision stipule que l'organisation "devienne le premier réseau mondial de jeunes citoyens actifs".

La mission et la vision constituaient un changement radical par rapport à ce que les membres de l'organisation prétendaient être depuis plusieurs décennies. L'accent n'était plus mis sur les avantages individuels, mais sur l'impact sur la société. Elles ouvraient l'organisation au monde extérieur en la rendant plus pertinente et en permettant aux jeunes de participer au développement de la communauté. Le changement est difficile, mais des personnes disciplinées conduisent à une pensée disciplinée, et une action disciplinée l'emportera.

Pendant cinq ans, nous avons concentré tous nos efforts sur la mission. Nous avons intégré et utilisé la mission et la vision au début de chaque événement, tout en développant une abondance de matériel promouvant cette nouvelle orientation. Nous avons parcouru le monde pour faire connaître cette mission et organisé des sessions dédiées à son explication. Cet accomplissement a été extraordinaire pour une organisation. En l'espace de cinq ans, dans plus de 120 pays, l'ancienne mission s'est évanouie et a été totalement oubliée. Au cours de mes nombreux déplacements à travers le monde, j'ai testé l'efficacité de notre stratégie en demandant aux membres de réciter l'ancienne mission ; dans la plupart des cas, personne ne s'en souvenait.

Nous avons décidé de mener toutes nos actions à travers le prisme de la mission. Cela impliquait de renoncer à certains programmes, au grand mécontentement d'une petite mais bruyante minorité de membres. Nous ne pouvions plus nous permettre d'être tout pour tout le monde. Je me suis alors érigé en principal porte-parole, parcourant le globe pour promouvoir cette nouvelle philosophie. Je me souviens particulièrement de mon déplacement à Lisbonne, au Portugal, en janvier 2009, pour présenter le nouveau plan stratégique aux présidents nationaux d'Europe. La tâche était colossale, comparable à celle de David entrant dans la fosse aux lions et en sortant indemne. Imaginez un homme d'origine modeste – le Cameroun – entrant dans une salle remplie de jeunes Européens dynamiques, déterminé à promouvoir une transition de l'entrepreneuriat et du développement personnel vers le changement social et le développement communautaire – une transition de l'égoïsme vers l'impact et l'altruisme. Fort de mes arguments, j'ai démontré que les véritables opportunités de croissance pour l'organisation se trouvaient à l'extérieur, là où les jeunes aspiraient à façonner leur propre avenir. Il est inutile de préciser que nous avons remporté cette bataille, ou du moins étais-je assez naïf pour le croire.

La vie est une histoire à multiples rebondissements. Chaque fois que vous atteignez un sommet, cela marque le début d'une autre ascension. En concentrant l'attention de l'organisation sur ses possibilités, nous avons été submergés par le changement apporté par les occasions. Nous avons entrepris de positionner l'organisation par un exercice de branding vaste et élaboré. Au cours de ce processus, la plus grande occasion nous a été révélée. Impact — c'était une occasion. La pertinence était le domaine où nous avions encore beaucoup de progrès à faire. Mais qu'est-ce qui nous a donné l'audace de croire que l'organisation avait la capacité de créer un impact ? Ses activités et programmes récents ne le démontraient en aucun cas. Le profil des membres avait considérablement diminué, car l'organisation n'attirait plus que ceux qui cherchaient à en tirer quelque chose sans apporter de contribution significative. Je compare cela à un phénomène d'"osmose" — où la solution la plus concentrée attire celle qui est plus diluée. Pendant de nombreuses années, l'organisation s'était progressivement diluée dans sa mission, attirant principalement ceux qui avaient besoin de croissance personnelle, au point de ne plus avoir la capacité de générer le type de changement que le monde attendait. Nous nous retrouvions alors face à un paradoxe : transformer la plus grande faiblesse de l'organisation en sa plus grande force. Nous nous sommes lancés dans un projet ambitieux visant à positionner la JCI comme l'organisation capable de construire une puissante armée de soldats pacifiques, prêts à relever les plus grands défis mondiaux.

Nous avons entrepris une étude approfondie afin de découvrir les atouts des plus grandes organisations locales ou des chapitres à travers le monde, et de comprendre les raisons de leur succès. Cette démarche a permis de révéler un cadre qui est devenu la référence pour définir comment l'organisation avait généré des impacts par le passé et comment elle continuerait à en produire à l'avenir. Pour réussir à transformer le paradigme d'une organisation et à se concentrer sur ses opportunités, il est essentiel d'identifier ses forces. Cela implique d'analyser ce qui fonctionne réellement au sein de l'organisation. Nous avons ainsi découvert des trésors insoupçonnés enfouis au cœur de l'organisation. Nous avons mis au jour des richesses dont on parlait à peine lors des réunions du conseil, des événements, ou même en marge de ces rassemblements. Ces découvertes ont permis de définir ce qui distinguerait notre organisation des nombreuses autres organisations similaires. Nous avons ainsi développé ce que nous avons ensuite formalisé et protégé sous le nom de marque déposée : le JCI Active Citizen Framework

Pendant de nombreuses années, les conversations au sein de l'organisation ont porté sur ce qui n'allait pas dans l'organisation. Il s'agissait toujours de membres qui quittaient, la marque étant faible, la politique au sein du Organisation impitoyable, site web inopérant, événement ennuyeux et organisation peu connue même si elle existe depuis cent ans. Chaque fois que vous rencontriez un membre, ils ne parlaient que des choses qui n'allaient pas avec l'organisation et jamais de la raison pour laquelle ils étaient motivés à continuer de servir l'organisation. Lors des caucus, toutes les questions posées aux candidats portaient sur la façon dont ils régleraient les problèmes actuels et nous n'avons presque jamais eu de question sur l'avenir de l'organisation. Comment une organisation ayant pour mission d'inspirer les jeunes à changer le monde pourrait-elle devenir durable alors que toutes les conversations portaient sur son incapacité à réaliser sa propre mission? Toute l'énergie, tout le talent et toutes les ressources ont été dirigés vers une crise plutôt que vers la construction d'un avenir déterminé pour l'organisation.

Évidemment, bien que mon expérience se soit déroulée au sein d'une organisation à but non lucratif, les principes sous-jacents ne diffèrent pas lorsqu'il s'agit d'une personne ou d'une entreprise. La seule raison pour laquelle vous participez à une compétition est que vous croyez en votre capacité de l'emporter. Les vainqueurs de telles compétitions sont conscients de leurs limites. Par exemple, si leurs jambes sont trop courtes, ils augmentent leur cadence ou réservent leur sprint pour le dernier kilomètre. C'est la même logique : si vous vous concentrez sur vos défis, vous serez défini par eux.

Les opportunités engendrent d'autres opportunités. En revenant au cadre de la JCI pour les citoyens actifs, notre recherche des forces des organisations a révélé que les chapitres locaux les plus prospères partageaient plusieurs caractéristiques communes, notamment :

1. Ils résolvent un problème de société.

2. Ils ont mobilisé tous les secteurs de la société.

3. Ils ont été particulièrement doués pour donner des commentaires aux intervenants.

Pour que les organisations ou les chapitres locaux de la JCI demeurent pertinents, ils doivent répondre à un besoin. Un besoin est un défi sociétal, non seulement reconnu par les membres de l'organisation, mais aussi par la communauté dans son ensemble. Lorsqu'une organisation parvient à répondre à un besoin sociétal, elle gagne en pertinence et en légitimité au sein de cette société.

Prenons l'exemple d'un chapitre de jeunes professionnels à Tijuana, au Mexique. Ce chapitre décide de s'attaquer à la problématique des colonies de réfugiés dans la ville. En prenant cette initiative, il devient pertinent non seulement pour les membres de l'organisation, mais aussi pour les habitants de Tijuana. Ce qui est essentiel ici, c'est la capacité du chapitre à identifier les vrais besoins de la communauté.

Mais comment un chapitre détermine-t-il qu'un problème constitue un besoin? Il le fait en mobilisant les acteurs concernés—en engageant tous les intervenants à travers divers mécanismes tels que des sondages, des groupes de discussion, des réunions publiques et des échanges individuels. Ce processus d'engagement non seulement rend le chapitre pertinent en initiant un dialogue avec la communauté, mais il devient encore plus crucial lorsque des solutions concrètes émergent de ces discussions.

Dans le cas de Tijuana, par exemple, lorsque le chapitre rassemble les parties prenantes pour aborder la question de l'accueil des réfugiés dans la ville et propose des solutions sur la façon de les former et de les intégrer dans la société, il ne se contente pas d'être un simple observateur. Il devient un véritable acteur de changement, jouant un rôle clé dans le développement social de la ville. Cette approche pro-active non seulement renforce la pertinence du chapitre, mais elle démontre aussi comment une organisation locale peut avoir un impact durable en s'ancrant dans les besoins réels de sa communauté. Travailler avec les acteurs locaux les entreprises, l'administration de la ville et d'autres organisations de la société civile continuent à rendre l'organisation pertinente. Le fait de s'engager à fournir des commentaires, à s'adapter et à s'adapter aux nouvelles réalités rend le chapitre de plus en plus pertinent. Ce processus consistant à établir un besoin, à mobiliser les intervenants, à prendre des mesures pour fournir des solutions et à surveiller l'évaluation des progrès est devenu le cadre de citoyens actifs de la JCI. Il s'agit d'un trésor caché au sein de l'organisation qui a été découvert par un changement de perspective, passant de la concentration sur les défis à la concentration sur les possibilités. De l'UNESCO à l'AIESEC, d'autres organisations internationales ont commencé à acheter dans ce cadre; de Dhaka à Londrina, les villes ont commencé à acheter dans ce cadre pour leur développement. Soudain, de nouvelles portes se sont ouvertes pour une organisation qui était auparavant consumée par sa propre arrogance.

Une bougie allumée ne doit pas être cachée sous la table, mais placée en hauteur pour illuminer tous les recoins de la pièce. Le cadre du citoyen actif a été cette bougie allumée, permettant à des milliers de jeunes de commencer à croire en leur capacité à provoquer des transformations et à montrer comment ils pouvaient apporter un changement positif. Il était fascinant de voir comment ces jeunes sont passés de la difficulté à comprendre le concept à son intégration et à en faire un élément central de chaque quête.

Les occasions engendrent d'autres occasions. En 2013, chargé de diriger un nouveau plan stratégique pour la période 2014-2018, nous avons misé sur les semences plantées précédemment. Nous avons de nouveau mis l'accent sur la perspective des possibilités, après le succès du précédent exercice, en exhortant le comité restreint à ne pas se contenter de lire un seul livre, mais plusieurs ouvrages parmi ceux de Jim Collins. Notamment *Bon à Grand*, dont nous avions déjà discuté, ainsi que *Construit pour durer* et *Grand par choix*. Ces livres ont démontré que les entreprises ou les organisations qui réussissent ne le font pas par hasard, mais à travers un processus délibéré. Le but de recommander cette collection de livres au comité de planification stratégique était d'ouvrir leurs yeux sur la possibilité phénoménale que l'organisation si nous regardions au-delà des limites de nos limitations évidentes. Pour reprendre les mots de Jim Collins, nous demandions aux membres du comité d'être "des bâtisseurs d'horloge et non des compteurs horaires".

Nous avons également entrepris une démarche originale en recommandant aux membres du comité de lire un rapport de 140 pages publié par les services de renseignement américains en 2012, qui projetait l'état du monde en 2030. L'objectif était que le comité puisse percevoir les vastes possibilités découlant d'une remise en question de l'image actuelle du monde. Cette initiative me procure encore des frissons. Ce rapport s'est révélé crucial pour déterminer comment l'organisation pourrait se positionner dans un monde en pleine transformation, marqué par des tendances de méga-changements.

Le rapport des renseignements américains prévoyait que l'équilibre mondial des pouvoirs serait modifié principalement en raison de l'évolution rapide des technologies, des conflits liés aux ressources limitées et de la croissance démographique, notamment dans les zones urbaines. Selon ce rapport, des changements économiques et politiques radicaux se produiraient. Il en concluait que les individus gagneraient en puissance, que le gouvernement deviendrait plus faible, qu'une expansion significative de la classe moyenne aurait lieu, et que des conflits mondiaux émergeraient davantage à la suite de tensions internes aux États qu'entre États.

Depuis la commande de ce rapport, nous avons observé comment la complexité des guerres civiles en Syrie et au Yémen a conduit le monde au bord d'un conflit mondial. Ces conflits ont impliqué de nombreux pays soutenant différents belligérants, devenant ainsi des guerres par procuration. Ils ont débuté principalement en raison de pénuries alimentaires et d'eau dans ces régions et se sont étendus à la communauté internationale, impliquant des nations telles que la Russie, les États-Unis, la Turquie, l'Iran, Israël et le Liban. Par ailleurs, nous avons vu comment les activités des citoyens ordinaires, utilisant la technologie, ont contribué à la chute de gouvernements. De même, nous avons constaté que les élections en Europe et aux États-Unis ont été influencées par l'abus de la technologie.

Pourquoi ? Pourquoi une organisation de jeunes à but non lucratif cherche-t-elle à s'inspirer des défis du monde et à se positionner comme une organisation qui peut les surmonter? Audacieux, incroyablement audacieux. . . On l'a fait !

En mars 2013, un groupe de membres hautement talentueux et extrêmement qualifiés du comité de planification stratégique est arrivé à Saint-Louis, Missouri, aux États-Unis. Venant de toutes les régions du monde, les Européens étaient cependant les plus nombreux. Le hasard et les chiffres en ont décidé ainsi. Ces membres ont présenté diverses opinions sur les problèmes rencontrés par l'organisation ; certains avaient été influencés par des "conseillers de dernière minute" qui les poussaient à revenir à un modèle axé sur les bénéfices individuels plutôt que sur l'impact global. Certains ont proposé de traiter l'organisation comme une entreprise commerciale, suggérant de se concentrer sur l'entrepreneuriat pour maximiser l'impact. D'autres percevaient l'impact comme une menace, craignant que l'organisation ne devienne une œuvre de charité. Cette diversité de perspectives sur les mêmes défis est la richesse du monde dans lequel nous vivons. Nous partageons toutefois un désir commun de résoudre ces problèmes.

Conscients de la difficulté de détourner l'esprit humain des défis, nous avons proposé une activité intrigante aux membres du comité. Nous avons fourni des rouleaux de papier brun et demandé aux membres d'exprimer sur ce papier toutes les critiques concernant l'organisation. Ils ont eu trois heures complètes pour consigner leurs idées. Ils ont écrit abondamment, révélant une quantité impressionnante de problèmes. Malgré cela, les portes étaient ouvertes, les lumières allumées, et une équipe exceptionnellement talentueuse était réunie de tous les continents. Ensuite, nous avons collecté tout ce qui avait été écrit sur le papier brun et l'avons disposé dans le hall juste à l'extérieur de la salle de conférence. Nous avons ensuite distribué des feuilles de papier cartonné pour que les membres puissent proposer des solutions à ces défis. Ils ont écrit, mais avec une fréquence décroissante jusqu'à épuisement des idées. Le contraste était frappant. Pour l'exercice d'écrire ce qui n'allait pas avec l'organisation, nous avons donné au comité Après trois heures complètes, la plupart des membres avaient à peine eu le temps d'écrire. Pour l'exercice de proposition de solutions, nous avons accordé une heure au comité, mais au bout de la moitié de ce temps, la plupart des membres étaient à court d'idées. Cet exercice a été révélateur et a ouvert les yeux de l'équipe. En tant qu'êtres humains, nous sommes souvent accablés par les défis. Un mouvement de jeunes ne doit pas se laisser submerger par des problèmes administratifs, techniques ou opérationnels. Son objectif, quelles que soient les circonstances, doit rester fidèle à sa mission : offrir des opportunités de développement qui permettent aux jeunes de provoquer un changement positif.

Suite à ces exercices, nous avons orienté la discussion des membres du comité sur l'état du monde et sur la nécessité pour l'organisation de représenter la voix de la population tout en apportant des solutions aux défis mondiaux. Il est vrai qu'il a été difficile de faire passer l'attention des nombreux problèmes internes de l'organisation à la vision de son avenir. Nous avons demandé au comité de se projeter en 2030 — comme le rapport des agences de renseignement américaines l'avait fait — pour envisager où pourrait se situer l'organisation dans un avenir proche.

La capacité de dessiner une vision de l'avenir d'une organisation est cruciale pour transformer l'état d'esprit, en passant de la gestion des défis actuels à la perception des opportunités. Avec une vision claire de cet avenir, il devient possible de tracer un chemin vers cet objectif ambitieux.

Voici le tableau que nous avons élaboré : d'ici 2030, la JCI deviendra l'organisation capable de rassembler tous les secteurs de la société pour engendrer un impact durable. Dans notre vision, la JCI deviendrait une organisation de renommée mondiale, à laquelle les dirigeants se tourneraient en période de crise pour trouver des solutions. Il ne s'agirait plus simplement d'avoir un impact, mais de fédérer diverses perspectives pour résoudre les défis complexes du monde. Cette vision a été largement inspirée par le cadre des citoyens actifs, qui a permis aux jeunes de comprendre les défis et de développer des solutions dans des milliers de communautés à travers le globe.

Lors de la présentation finale du plan au monde entier, nous avons partagé notre histoire de manière très convaincante. Nous avons affirmé avec assurance la position de l'organisation, comme si nous possédions déjà l'espace, en proclamant que nous serions l'entité qui unirait tous les secteurs pour créer un impact durable. Nous avons souligné que les solutions traditionnelles aux problèmes mondiaux avaient perdu de leur efficacité et qu'il était impératif de trouver de nouvelles approches pour des défis séculaires.

Nous avons encouragé les jeunes à percevoir chaque défi comme une opportunité et à rêver d'un monde différent, tout en les incitant à travailler pour concrétiser ce rêve. Nous leur avons rappelé que notre organisation avait traversé un siècle grâce à un jeune homme, le fondateur, qui avait osé rêver. Son souhait était de "faire d'un citoyen un meilleur citoyen", et ce rêve a depuis mobilisé des millions de personnes à travers le monde, qui s'attaquent aux problèmes de leurs communautés et de leurs pays. Si un tel accomplissement avait été réalisé sans les outils dont nous disposons aujourd'hui, imaginez le potentiel avec les milliers de jeunes aujourd'hui autonomisés et utilisant les technologies modernes.

Nous avons évoqué la vision d'un monde transformé grâce au travail des jeunes membres de l'organisation. Si les jeunes pouvaient œuvrer à unir divers secteurs de la société, une communauté après l'autre, alors nous pourrions aspirer à un avenir plus durable. Cette vision reposait sur la collaboration de tous les secteurs de la société, avec l'organisation comme pivot central du développement, audacieuse dans son rôle. C'était là notre vision. Nous avons ainsi esquissé l'histoire de notre avenir et de la manière dont nous y parviendrions. Nous aspirions à être l'organisation qui guiderait le monde pour surmonter la pauvreté, la faim, la crise économique de l'époque, le réchauffement climatique, le chômage des jeunes et les inégalités sociales. Une organisation de jeunes âgés de 18 à 40 ans. Un rêve trop ambitieux ? L'histoire que nous avons narrée dans le préambule de notre plan stratégique a posé les fondations d'un nouvel avenir pour l'organisation, riche en opportunités.

Comme on dit en Afrique : "Nous nous étions lavés les mains. Nous pourrions maintenant manger avec les aînés." Équipés d'un nouveau positionnement à long terme, nous étions prêts à relever les défis du monde et à devenir des fournisseurs de solutions. Cette fois, nous avons présenté le plan aux gens en nous basant sur cinq mots-clés représentant chacun une stratégie. La raison de faire cela était d'aider les milliers de membres de l'organisation à comprendre, à se rapporter et à digérer la stratégie.

Ces cinq mots représentaient un plan stratégique incroyable qui était plein d'occasions:

impact, motiver, investir, collaborer, connecter

Stratégies clés:

Impact: JCI permettra aux collectivités d'avoir un impact durable.

Motivation: La JCI créera un environnement dans lequel les gens seront motivés pour des changements positifs.

Investissement: JCI élaborera un plan financier qui investira dans des objectifs à long terme.

Collaboration: La JCI réunira des partenaires partageant les mêmes idées afin d'accroître l'impact mutuel.

Connexion: La JCI reliera les gens, leurs communautés et la société mondiale.

Rien dans ces stratégies ne visait à résoudre ou à surmonter les défis de l'organisation. Avant cette stratégie, la JCI avait tendance à "transpirer les petites choses", ce qui posait un problème pour une organisation destinée à l'excellence. Cette stratégie a changé la donne. Nous avions projeté l'organisation dans l'avenir et positionné l'organisation comme étant capable — qui pouvait s'attaquer aux défis mondiaux et y apporter des solutions.

De 2014 à 2018, nous avons observé une transformation remarquable au sein de l'organisation. Cette évolution ne se limitait pas à l'adhésion ou aux aspects financiers, mais touchait également l'impact réel. Notre détermination a été renouvelée et nous avons été témoins d'idées brillantes ayant un effet tangible à l'échelle mondiale. Les jeunes ont, par exemple, uni leurs efforts pour construire une garderie au Botswana, offrant des soins à des centaines d'enfants pendant que les mères contribuaient à la construction de la famille et de la nation. En Allemagne, des jeunes ont proposé des compétences professionnelles, des stages et des opportunités d'emploi aux personnes défavorisées. À Alep, en Syrie, des jeunes ont dirigé un mouvement pour la paix, mobilisant des milliers de personnes pour œuvrer à la prospérité dans une ville dévastée par la guerre civile.

La JCI est devenue l'une des premières organisations de la société civile à adopter les objectifs de développement durable (ODD) lors de son assemblée générale et à s'engager à les mettre en œuvre. L'organisation a lancé une campagne mondiale intitulée "La paix est possible", en lien avec l'ODD n° 16. Cette campagne a mobilisé plus de quatre millions de jeunes pour qu'ils prennent des actions en faveur de la paix dans leurs communautés, leurs pays et à l'échelle mondiale le 21 septembre 2016. En 2017, nous avons collaboré avec le gouvernement du Sarawak en Malaisie pour organiser un sommet international sur la paix, réunissant 32 autres organisations et plus de 700 militants pour la paix du monde entier. De plus, nous avons travaillé avec la Campagne d'action des

Nations Unies pour les ODD afin de lancer le Fonds mondial pour l'autonomisation des jeunes, destiné à financer des initiatives dirigées par les jeunes et alignées sur les objectifs de développement durable. Ce fonds a soutenu des projets dans des pays aussi variés que le Népal, l'Inde, le Royaume-Uni, le Canada, le Zimbabwe et le Guatemala, offrant ainsi des opportunités de développement permettant aux jeunes de générer un changement positif.

L'organisation a grandi en stature. Nous avons été invités à siéger au conseil d'administration du Centre Ban Ki-Moon pour les citoyens du monde ; nous avons accueilli un sommet africain sur le développement des jeunes en marge de la 6e Conférence internationale de Tokyo pour le développement de l'Afrique (TICAD VI) à Nairobi, au Kenya, en août 2016; accueillir un programme de développement des jeunes en Afrique Sommet en marge du Mandela 100 Global Citizen Festival à Johannesburg, en Afrique du Sud, en décembre 2018; et organiser un sommet sur les opportunités pour les jeunes africains en marge de la 7e Conférence internationale de Tokyo pour le développement de l'Afrique en juillet 2019. En février 2019, l'organisation a été invitée à se joindre au Youth Stream du Centre stratégique des Nations Unies pour les objectifs de développement durable et à coprésider ce dernier aux côtés du bureau de l'Envoyé spécial des Nations Unies pour la jeunesse. Ici, je dois faire une digression, la vision du plan stratégique 2014-2018 de JCI était de voir JCI devenir un jour une institution que les Nations Unies se tourneraient pour fournir des réponses aux solutions complexes du monde. Nous avons rêvé, et nous avons réussi! Mais nous n'en sommes pas restés là, l'avenir était proche et nous avons continué à réinventer l'organisation.

En 2018, nous avons eu l'opportunité de redéfinir l'avenir de la JCI. Forts des progrès considérables réalisés pour positionner l'organisation comme celle capable de rassembler tous les secteurs de la société pour créer un impact durable, nous avons jugé qu'il était temps d'élever JCI à un niveau supérieur. Nous avions indéniablement ouvert l'organisation à de nouvelles perspectives, la préparant désormais à engendrer des répercussions positives. Quelle serait la prochaine étape?

À l'été 2017, un comité composé de personnes remarquablement talentueuses a été constitué pour siéger au Comité de planification stratégique pour la période 2019-2023. Comme d'habitude, nous avons recherché des étoiles montantes, des experts et des leaders. Ce comité était équilibré en termes de sexe, de race, de religion et d'expérience. Nous avons cette fois-ci recommandé aux membres du comité de lire *Forces for Good* de Leslie Crutchfield et Heather McLeod Grant, un ouvrage révélant les six pratiques des organisations à but non lucratif à fort impact.

Ces six pratiques ont été décrites par les auteurs comme suit :

- Travailler avec le gouvernement et plaider en faveur du changement social

- Faire participer le marché et travailler avec les entreprises

- Transformez vos partisans en évangélistes

- Traiter les autres organisations à but non lucrative commercial des partenaires, et non comme des concurrents

- Adapter et innover chaque fois que nécessaire

- Donner aux autres les moyens de diriger

Ce livre reconnaissait fondamentalement le travail essentiel accompli au cours des dix années précédentes. Les organisations à but non lucratif possédaient un potentiel immense pour catalyser le changement, et elles l'ont réalisé en se réinventant. Ces organisations à fort impact ont su collaborer avec tous les secteurs de la société pour induire des transformations sociales, tout en opérant de manière autonome sur les marchés. Il était temps de porter les succès des années passées à un niveau supérieur.

Après plusieurs semaines de travail à distance avec le comité et trois jours de sessions intensives, nous avons conclu qu'un sentiment d'urgence était présent : bien que le travail d'impact de l'organisation ait été remarquable, il fallait agir avec davantage de rapidité. Le thème retenu était "Accélérer la transformation". À l'instar de 2012, le plan stratégique a été présenté sous forme d'histoire, soulignant aux jeunes que le monde évolue à une vitesse vertigineuse. La technologie permettrait de connecter les individus à l'échelle mondiale comme jamais auparavant, et cette connectivité accrue engendrerait des répercussions significatives. Dans un monde de connectivité renforcée, les gouvernements pourraient s'effondrer en un instant, tandis que des fortunes pourraient se faire en un week-end.

Avec ces changements rapides, les organisations n'ont pas d'autre choix que de s'adapter. Les organisations qui ne s'adaptent pas deviendront sans importance et ne joueront aucun rôle dans la détermination de l'avenir, surtout une organisation de jeunes comme la nôtre. Nous avons ajouté que si les jeunes ne font rien, ils vivront dans un monde dominé par la peur, la haine et l'avidité. Les jeunes doivent embrasser l'avenir, un avenir qui doit être juste et décisif. Ces jeunes ont le pouvoir entre leurs mains et doivent travailler ensemble pour façonner l'avenir de leurs communautés, leurs pays et l'avenir du monde. Voilà comment ils façonnent leur avenir.

Pour réussir, nous avons mis les jeunes au défi de collaborer avec tous les secteurs de la société et de s'engager dans les coulisses du gouvernement, les conseils d'administration des entreprises et les rues de leurs communautés. Ils ont été appelés, en tant que jeunes et membres des organisations, à être des agents de changement quotidiens, accélérant ainsi la transformation du monde.

Ces paroles inspirantes découlent d'un état d'esprit qui dépasse les défis immédiats. Ce plan offre à l'organisation un avenir prometteur, dont la réalisation ne pourra être mesurée que par le temps.

J'ai partagé cette expérience car elle m'a profondément marqué et, je l'espère, a inspiré des milliers de jeunes. Comme l'a dit le président américain John F. Kennedy : "Les problèmes du monde ne peuvent pas être résolus par des sceptiques ou des cyniques dont l'horizon est limité par la réalité. Nous avons besoin d'hommes qui peuvent rêver à des choses qu'ils n'ont jamais rêvées." Cette pensée résonne aussi fortement aujourd'hui qu'elle le faisait dans les années 1960. Face au changement climatique et aux inégalités de revenus, nous avons besoin d'une mentalité ouverte aux possibilités pour résoudre les défis complexes.

Passer d'une attitude axée sur les défis à une attitude axée sur les opportunités est aussi difficile que tout ce qui a créé des transformations significatives dans la vie humaine. Ce changement s'épanouit avec le temps et l'expérience. Il faut une certaine audace pour ignorer les distractions et les défis immédiats afin de percevoir les opportunités futures. Parfois, il faut un courage immense pour naviguer à travers les difficultés actuelles pour que demain brille de tout son éclat. Ce courage est évoqué dans le proverbe africain : "Ne crains pas la forêt parce qu'elle est dense." Après tout, c'est dans cette forêt dense que se cachent les opportunités, le prochain grand repas ou, pour le dire autrement, la prochaine grande opportunité.

CHAPITRE DEUX

Naïve audace

Une armée de brebis menée par un lion peut vaincre une armée
de lions menée par une brebis.

— Proverbe africain

JE ME TENAIS DEBOUT ET REGARDAIS par la fenêtre du
deuxième étage du bureau du directeur de l'hôpital général de Limbe,
le Dr. Lyonga . . . perdu dans les pensées au sujet de ce que moi, ou nous,
pourrions faire pour aider. En regardant vers le bas, j'ai compté quatorze
salles d'hôpital construites pour desservir une ville de près de deux cent
mille habitants. En regardant les salles d'hôpital, alignées comme si
elles étaient destinées à servir un camp militaire, j'ai été submergé par
ce que je venais d'apprendre. Aucun des quatorze quartiers n'avait de
toilettes en état de marche. Ils étaient cassés, bouchés, sans eau courante
et tombaient en ruine. Mon cœur se démenait à l'idée que c'était là où les
mères venaient d'avoir des bébés, et certaines sont mortes en raison de
mauvaises conditions sanitaires. Il s'agissait d'un endroit où les patients
avaient été amenés après des accidents de la route et étaient morts
d'infections au lieu d'être guéris. Les seules toilettes qui fonctionnaient
étaient celles du bureau du directeur de l'hôpital; ce sont les toilettes
utilisées par toutes les infirmières. Je me suis demandé à qui l'hôpital
était destiné. . . les médecins, les infirmières ou les patients?

Chaque année, en tant que membre de JCI Limber Atlantic, nous avons soutenu l'hôpital en fournissant divers équipements comme des tabourets de lit pour les visiteurs, des lits et des piquets d'égouttage. En 1996, alors que je présidais notre collectivité, je souhaitais entreprendre une initiative significative pour l'hôpital communautaire. J'ai alors demandé au directeur principal de l'hôpital quel problème il aimerait voir résolu.

Il m'a conduit à travers les différents services de l'hôpital, et c'est ainsi que j'ai découvert un problème qui, bien que non apparent pour la communauté, avait un impact considérable sur le fonctionnement de l'établissement. Notre hôpital communautaire n'avait pas de toilettes fonctionnelles, et pourtant ambigüe. Cela était totalement inacceptable. Mais j'avais seulement vingt-cinq ans, jeune et probablement naïf de penser que je pouvais faire n'importe quoi. Plus encore, j'ai découvert que le délégué nommé par la municipalité (une sorte de maire — oui, non élu, choisi par le gouvernement) qui était un homme d'affaires local avait reçu beaucoup d'argent pour reconstruire les lavoirs dans les quartiers. Mais comme c'est le cas dans des dictatures sans comptes, comme au Cameroun, il a reçu l'argent et n'a jamais fait son travail. Le fait de résoudre ce problème exposerait le délégué du gouvernement, dresserait mon organisation contre lui, mais affecterait profondément la vie des gens dans la communauté. Les avantages ont largement dépassé les menaces.

Lors des réunions hebdomadaires de mon organisme local, le mardi à la maison d'hôtes Victoria, j'ai raconté mon expérience à l'hôpital. Je pouvais voir dans les yeux des membres qu'ils me regardaient désespérément et se demandaient s'il y avait quelque chose qu'ils pouvaient faire. Je leur ai dit que nous rénoverions les quatorze lavoirs. Je ne savais pas comment, mais je voyais si clairement le résultat attendu qu'il n'y avait pas d'autre choix que de travailler à ce résultat. Audace naïve – lorsque vous voyez le résultat si clairement que les chances ne peuvent pas vous empêcher d'atteindre votre objectif.

Un mois plus tard, nous avions organisé une soirée de financement pour recueillir des fonds afin de relancer le projet de rénovation des toilettes de l'hôpital. C'était un flop. La nuit de l'événement, une tempête majeure a frappé la ville. Sur les deux cents personnes prévues, nous avons eu trente-six personnes qui se sont présentées, principalement des membres de l'organisation. Nous avons perdu de l'argent plutôt que de le recueillir. Je me souviens très bien que c'était au SS Club à Bota, Limbe. Nous avons eu un visiteur qui devait être notre conférencier principal, M. Desmond Alufohai, alors directeur pour l'Afrique de Junior Chamber International — un conférencier incroyablement motivant et, à vrai dire, un mentor et ami de longue date. Il a vu dans nos yeux que nous étions battus, et il a rassemblé tout le public sur la piste de danse et a prononcé un discours très passionné sur l'échec et le succès. Ses paroles qui m'ont marqué étaient, "Ce n'est un échec que si vous le voyez ainsi, mais si vous choisissez de faire de cette expérience un exercice d'apprentissage, alors vous la verrez comme un succès."

De retour à l'organisation locale, nous avons dû retourner au plan. Il y avait des opposants qui croyaient que ce projet était trop grand, simplement trop audacieux pour un petit groupe. Il y avait ceux qui étaient motivés par les chiffres — nous avions déjà perdu de l'argent lors de la soirée de gala pour la collecte de fonds; pourquoi ne pas réduire les pertes et fuir? Il y avait ceux qui suivaient le courant, ils regardaient les débats. Et puis il y avait les rêveurs... nous. Il était impossible de renoncer à une occasion aussi importante de faire une différence dans la collectivité. Frappé par un coup d'inspiration, je fis le discours passionné sur le signe de notre temps. J'ai dit : "Imaginez que vous ayez eu un accident et que vous soyez inconscient et que vous deviez être emmené à l'hôpital le plus proche, ce sera probablement l'Hôpital général de Limbe. Imaginez que vous soyez en traitement, que vous récupériez bien et que vous mourriez plus tard d'une infection due à de mauvaises conditions sanitaires. Tous ou la plupart d'entre nous autour de cette table peuvent se permettre des soins médicaux privés. Si nous sommes conscients, nous n'irons pas à l'hôpital public. Imaginez maintenant combien de vies nous aurions pu perdre, des femmes qui meurent en couches aux enfants qui meurent de maladies infectieuses évitables à cause des mauvaises conditions d'hygiène dans cet hôpital communautaire. Si nous ne pouvons pas nous faire soigner consciemment à l'hôpital public, comment pouvons-nous espérer que les milliers de personnes qui s'y rendent le feront? Ils vont là-bas parce qu'ils n'ont pas le choix — c'est ce que leur offre cette communauté, et c'est totalement inacceptable!"V Ces mots m'ont retenu pour le reste de ma vie et sont devenus un principe directeur pour moi et ma famille.

J'ai mis au défi les membres de mon organisation locale de soutenir cette initiative, et après quelques séances de remue-méninges, nous avons pu avoir une idée brillante. Présentez le projet à la communauté, montrez aux gens l'état des toilettes et encouragez-les à faire quelque chose. Nous ne pouvions rien faire seuls, mais ensemble, en tant que communauté, nous pourrions changer les choses. Voici ce que nous avons fait.

Il y avait un salon professionnel (Limbe Trade Fair) qui se tenait dans la ville, et nous avons décidé de louer un stand d'exposition au salon professionnel communautaire. Dans le kiosque, nous avons affiché des photos des toilettes de l'hôpital qui étaient dans un état déplorable. Et au fur et à mesure que les gens venaient, au lieu de nous vendre ou de présenter des produits ou des artefacts comme on s'y attendait, ils étaient frappés par des photos troublantes des toilettes de l'hôpital. Des conversations ont suivi, des questions ont été posées, des larmes ont coulé, des dons ont été faits et des contacts ont été pris pour assurer le suivi. Après une semaine complète de présentation publique, nous avons eu notre travail coupé. Un fonctionnaire de l'ambassade des États-Unis, dont le nom m'échappe malheureusement jusqu'à ce jour (j'espère qu'il lit ce livre et apprend comment son soutien a transformé ma vie et la vie de beaucoup de gens), m'a donné sa carte de visite et m'a demandé de l'appeler. Il nous a ensuite présenté un homme du haut-commissariat britannique qui nous a aidés à lever 25 millions de francs CFA (environ 50000 dollars des États-Unis). Ça semblait facile, mais ce n'était pas le cas. Il nous a fallu six mois de travail administratif pour rédiger et refaire des propositions, répondre aux questions, ajuster les budgets et les projections financières, et nous avons également été mandatés pour recueillir au moins 10 % des fonds du projet auprès de la communauté de Limbe. Nous avons levé plus de 10 pour cent; nous avions commencé un mouvement. Nous avons recueilli environ 6 millions de francs CFA (environ 12000 dollars des États-Unis) auprès de la communauté de Limbe sur une période de neuf mois. Pas aussi facile qu'il n'y paraît – beaucoup d'appels téléphoniques, de réunions en personne, de présentations, de propositions, de refus et parfois même de menaces. . . qui êtes-vous pour penser que vous pouvez faire ceci?

Une fois l'argent réuni, nous nous sommes donné trente jours pour mener à bien ce projet. J'avais vingt-six ans et je dirigeais un projet avec un budget plus important que celui que j'avais jamais géré et je mettais sur pied une équipe pour construire littéralement un nouvel hôpital. Nous avons découvert que plus que les toilettes, mais tout le système d'égouts de l'hôpital avait besoin d'être réaménagé. Il a fallu des experts, des architectes, des plombiers, des menuisiers et des électriciens. Nous avons travaillé jour et nuit pour battre toutes les chances de faire le travail en trente jours. J'ai eu la chance de compter sur une équipe incroyable : Cecile Ndeley, Ayuk Iyok, Julius Che Tita, Brendan Jaff (RIP), Marion Arrey, Sally Arrey, Senge Iyok, George Fonderson, Anita Mom, Vivian Feh (RIP), Eric Takang, Lawrence Enongene, Rosemary Ebune, Stella Ndemah, Evelyne Mondoa et j'espère ne laisser personne de côté. Cette équipe a travaillé très fort. Je suis reconnaissant.

En mars 1997, environ onze mois après ma visite à l'hôpital, nous avons remis et livré à l'hôpital neuf nouveaux lavoirs de lavage et un tout nouveau système d'égouts. Nous n'en avons pas eu six, mais devinez quoi, grâce à notre engagement auprès de la communauté, nous avons déclenché un mouvement. Une raffinerie de pétrole de la ville, SONARA, est venue financer directement la rénovation de deux des six autres lavoirs. Une des plus grandes sociétés agricoles d'Afrique est également venue et a rénové deux autres, laissant deux. Ces deux-là ont ensuite été rénovés par la honte du délégué du gouvernement de la ville, qui, à titre privé en tant que propriétaire d'entreprise, n'avait pas réussi à rénover ces lavoirs en raison de certaines pratiques de corruption qu'ils appelaient crédits. "Les crédits" se produisent lorsqu'il y a une allocation budgétaire et des fonds disponibles pour un projet. Il est devenu courant que des politiciens sans scrupules et des propriétaires d'entreprises se soient mis d'accord pour dépenser les fonds même sans faire le projet. Déshonoré, le délégué du gouvernement a complété les deux lavabos avec les soi-disant crédits qui étaient restés. L'hôpital général de Limbe avait maintenant quatorze toilettes en état de marche, comme il était censé l'être. On ne peut imaginer le nombre de vies sauvées par cet acte de courage.

Vu les probabilités, il était peu probable que nous rêvions de ce projet, mais étant jeunes et insensés, nous avons entrepris le projet. Notre audace naïve a servi d'arme, et nous l'avons fait ! Nous étions tellement concentrés sur le résultat que nous ne pouvions pas laisser les obstacles se dresser sur notre chemin. L'expérience a changé ma vie. Cela m'a fait croire en ma capacité et celle des jeunes à changer le monde.

Naïfs et audacieux

John Fitzgerald Kennedy a dit ceci : "Les problèmes du monde ne peuvent pas être résolus par des sceptiques ou des cyniques dont l'horizon est limité par la réalité évidente. Nous avons besoin d'hommes [femmes] qui peuvent rêver de choses qui n'ont jamais existé." Quand Kennedy a eu l'idée de mettre un homme sur la lune, quelles que soient ses intentions intérieures, il savait certainement que c'était une idée farfelue et très difficile, surtout avec le niveau de technologie à l'époque. Parce qu'il avait les yeux très clairs sur le résultat, il avait la capacité de regarder au-delà des défis évidents. Kennedy n'était pas un scientifique, il était avocat et politicien. Il ne savait pas ce qu'il faudrait pour amener un homme sur la lune, mais il savait que cela pouvait être fait si l'humanité y mettait son esprit. En fait, il y avait une opposition importante à l'atterrissage sur la lune. Les Américains n'étaient pas unis derrière cette idée. Beaucoup ont pensé que c'était trop cher et que, bien qu'il soit une idée prometteuse d'explorer l'espace extra-atmosphérique, il y avait assez de problèmes ici sur terre qui exigeaient l'utilisation de nos ressources limitées. Il y avait certainement des sceptiques autour du président dont les horizons étaient limités par des réalités évidentes quant au coût, au risque et à la raison d'être. J'ai toujours été fasciné par l'audace du discours de l'atterrissage sur la lune prononcé par le président John F. Kennedy devant le Congrès le 25 mai 1961.

Dans son discours, il a décrit ce qu'il demandait au Congrès. Il a dit au Congrès qu'il leur demandait de se lancer dans un projet qui durerait plusieurs années et exigerait que le pays dépense des milliards de dollars au cours des prochaines années. Il a laissé entendre qu'il ne pouvait y avoir de demi-mesures — le Congrès était soit dans le coup ou non. Venant d'un politicien, c'était assez risqué, mais il a mis le destin du programme entre les mains du Congrès.

À cette époque de l'histoire, le monde traversait une "course vers l'espace". Les Russes ont lancé le premier satellite dans l'espace le 4 octobre 1957, au grand dam des États-Unis. Et voici l'audacieux président Kennedy demandant aux Américains non seulement aller dans l'espace, mais sur la lune — pour être le premier pays à atterrir et à poser le pied sur la lune. Il voulait que les membres du Congrès sachent que c'était une entreprise colossale. Il voulait que les citoyens acceptent l'idée d'aller sur la lune, et il a donc choisi de faire appel aux gens.

Pour que les États-Unis atteignent la lune, il fallait un engagement renouvelé. Il fallait un engagement envers ce projet qui détournerait l'attention du gouvernement des nombreuses autres choses à accomplir en faveur de l'alunissage. Cela signifiait un haut niveau de dévouement et de discipline pour toutes les parties concernées, des fonctionnaires au monde universitaire en passant par les entrepreneurs. Bien plus que de l'argent, il a demandé au pays une forte détermination. Il a exigé un engagement des fonctionnaires, des techniciens, des ingénieurs de service et de tous ceux qui allaient participer à l'aventure spatiale.

Le débarquement sur la lune était une tâche difficile, audacieuse. Il a fallu un certain degré de naïveté du jeune président pour croire que c'était possible. Cela est devenu possible. Cet atterrissage sur la lune a permis à l'humanité de faire des progrès scientifiques. De l'avancement des commandes numériques en vol à la sécurité alimentaire, des couvertures spatiales aux constructions à l'épreuve des tremblements, nos vies ont été grandement améliorées par la naïveté d'un jeune homme audacieux.

Pour être transformationnel, il faut pouvoir imaginer des choses qui n'ont jamais existé et les faire devenir réalité. Il faut être capable de voir les possibilités là où d'autres ne le sont pas. Il faut pouvoir regarder au-delà des défis et être guidé par les résultats plutôt que par le processus. Les gens qui sont naïvement audacieux n'ont pas besoin d'avoir de l'expérience dans le résultat attendu. Ils doivent être en mesure d'illustrer clairement leur vision de manière à ce que le public les accepte. Une audace naïve est ce qui remet en question le statu quo, conduit à l'innovation et change le cours de l'histoire. Normalement, si l'on pèse les obstacles contre la possibilité de succès, on supposerait l'impossibilité, mais l'élément de naïveté motive son audace.

Les jeunes sont peut-être naïfs, mais ils ne sont pas cyniques à propos du monde. Ils croient vraiment qu'ils peuvent changer le statu quo, et si cette croyance est exploitée, cela fait vraiment une différence. Cette audace naïve chez les jeunes a alimenté le printemps arabe, qui a changé le monde d'une manière que nous n'aurions jamais pu imaginer il y a dix ans. Les jeunes en Tunisie qui défient le statu quo imaginent un Moyen-Orient qui pourrait être différent. Bien qu'ils n'aient pas l'expérience, ils ont été naïfs et audacieux et ont prouvé que le changement pouvait se produire et se produirait au Moyen-Orient. Partout dans le monde, la plupart des mouvements qui ont mené à la transformation ont été dirigés par des jeunes alimentés par une audace naïve. La naïveté n'est pas une question d'expérience. Les jeunes ont été critiqués pour leur manque d'expérience. Des exemples de mouvements comme "Occupy" et "Black Lives Matter" qui sont nés aux États-Unis, ou "Fees Must Fall" en Afrique du Sud démontrent que les jeunes croient naïvement qu'ils peuvent façonner l'avenir du monde. Le monde connaît également une transformation économique, et cette transformation est menée par les jeunes. Nous vivons des perturbations dans l'espace de l'économie partagée d'une manière que le monde n'aurait jamais imaginée. Ces jeunes ne sont pas limités par des réalités évidentes. Ils regardent au-delà des frontières, repoussent les limites de la technologie, transforment la culture du travail et génèrent des profits sans précédent. Du fondateur de WordPress, Matthew Mullenweg, à Catherine Cook, la créatrice de MyYearbook.com, du créateur de Mozilla Firefox, Blake Ross, au PDG de Mashable, Pete Cashmore — ce sont des jeunes qui ont développé des visions si claires que les chances de les voir échouer ne pouvaient pas les empêcher d'atteindre leurs objectifs. Ils étaient naïvement audacieux.

Il semble presque que plus on est âgé et plus on a de l'expérience, plus le sens de l'audace devient mesuré. Évidemment, parce que nous tirons les leçons de nos expériences, nous apprécions les risques de nos échecs passés plutôt que nos succès. Nous devenons plus hostiles à la douleur des défis que la joie de la réussite est obscurcie. On devient plus prudent et plus susceptible d'accepter le statu quo que de le remettre en question. L'expérience nous fait réfléchir aux étapes logiques d'un processus pour atteindre nos objectifs. Au cours de ce processus, nous identifions les obstacles. Nous pesons ces obstacles aux solutions possibles, et nous tirons des conclusions quant à savoir s'il faut procéder avec une idée ou non. Fidèle à notre nature, nous sommes si facilement embourbés par les défis que nous perdons de vue l'opportunité. Nous perdons cette capacité à être audacieux parce que nous ne sommes plus naïfs. Cela ne réduit en rien l'expérience, mais la thèse qui précède est la raison pour laquelle il est plus facile pour les jeunes de franchir de nouvelles frontières que pour les personnes expérimentées ou âgées.

En juin 1992, lors de la Conférence des Nations Unies sur l'environnement et le développement (également connue sous le nom de Sommet de la Terre de Rio), Severn Cullis-Suzuki, une fillette de douze ans communément appelée "la fillette qui a réduit le monde au silence", Elle a défié les dirigeants mondiaux dans son discours sur la façon dont nos actions et notre cupidité nuisent à la planète. Elle a déclenché un mouvement de jeunes environnementalistes et changé la façon dont nous considérons l'impact humain sur l'environnement. Il fallait être jeune pour être aussi convaincant. Elle a mis au défi les dirigeants du monde de ne pas casser ce qu'ils ne pouvaient pas réparer. Cet enfant de douze ans, naïvement audacieux, avait des mots très puissants qui ont visiblement mis les dirigeants du monde mal à l'aise. Même si elle n'avait pas les réponses, elle était convaincue que nous pourrions faire mieux en tant qu'espèce humaine ou comme, selon ses propres mots, "trente millions d'espèces" vivant sur la planète terre. L'Environmental Children's Organization, alors juste un groupe d'enfants de douze et treize ans du Canada qui essayaient de faire une différence.

Pour se rendre à Rio, ces jeunes enfants — Vanessa Suttie, Morgan Geisler, Michelle Quigg et Severn Suzuki — avaient recueilli des fonds pour parcourir 6000 milles afin de dire aux dirigeants du monde entier de changer leur façon d'agir. En regardant son discours, on pouvait voir les dirigeants mondiaux se sentir de plus en plus mal à l'aise alors qu'elle prononçait son discours.

Ce qui a rendu son discours encore plus puissant, c'est qu'en tant que jeune personne, elle n'était pas motivée par un programme politique comme les adultes dans la salle. Tout ce qu'elle voulait, c'était un avenir garanti. Pas un avenir dicté par la bourse ou les gains économiques à court terme, mais un avenir où ses enfants et ses petits-enfants pourraient encore écouter le chant des oiseaux. Elle peint. Elle était troublée par la façon dont le monde se déroulait, avec des enfants mourant de faim en Afrique de l'Est; les animaux s'éteignant; les rivières et les océans étant pollués, affectant les moyens de subsistance des pêcheurs; et l'air dans les villes devenant fortement pollué, affectant la respiration.

Le courage avec lequel elle a lancé son appel était remarquable; elle disait que les adultes ne savaient pas comment réparer le monde et n'avaient donc pas à le casser. Même si elle énumérait des choses qui étaient mauvaises, elle disait qu'elle ne savait pas comment les réparer non plus, mais une chose était certaine : notre action — l'action humaine — causait du tort à notre environnement et nous devions faire quelque chose pour y remédier.

J'ai regardé et lu ce discours encore et encore. Chaque fois que je regarde, j'ai un moment de lucidité. Dans son discours, Severn Suzuki a abordé les défis les plus complexes auxquels l'humanité est confrontée. Encore plus fascinant, c'est qu'il a fallu une petite fille pour le comprendre.

Dans le cadre du développement des jeunes à JCI, nous avons intégré ce discours dans un cours conçu pour inciter les jeunes à s'impliquer dans la recherche de solutions aux défis complexes de notre temps. On peut affirmer que ce discours a donné le coup d'envoi aux mouvements des écologistes modernes qui se poursuivent encore aujourd'hui. Mais plus que l'environnement, elle était même en avance sur son temps et parlait de vie durable. Elle a critiqué la cupidité et s'est demandé pourquoi les gens des pays développés consommaient autant et n'étaient pas prêts à partager avec les pays moins développés. Elle a parlé des guerres et s'est demandé pourquoi tout l'argent était dépensé dans les guerres à travers le monde au lieu d'utiliser l'argent pour vaincre la pauvreté.

Environ 26 ans plus tard, le monde a connu un autre réveil, cette fois mené par une jeune suédoise de 16 ans nommée Greta Thunberg qui a protesté pendant des semaines devant le Parlement avec un panneau qui disait "School Strike for Climate".V Elle a inspiré un mouvement de jeunes qui séchaient l'école pour faire la grève des vendredis. Elle s'est adressée aux dirigeants politiques des Nations Unies, Entretien avec des chefs d'entreprise au Forum économique mondial, rencontre avec le pape et échange avec le président Donald J. Trump. L'audace naïve de Greta a inspiré la plus grande grève mondiale contre le changement climatique jamais organisée le 20 septembre 2019, mobilisant plus de quatre millions de personnes. Greta n'est pas une scientifique; elle n'a aucune solution à la crise climatique, mais comprend clairement que le rythme de l'activité humaine n'est pas durable pour la planète. Parce qu'elle a une vision claire d'un monde meilleur, elle a l'audace de mettre au défi les dirigeants locaux et internationaux d'agir pour atténuer les effets des changements climatiques.

Certains diront qu'elle est naïve. En fait, le quarante-cinquième président des États-Unis se moquait d'elle comme ayant quelques problèmes de gestion de la colère. Il a écrit dans un tweet : "C'est ridicule. Greta doit travailler sur son problème de gestion de la colère, puis aller à un bon vieux film avec une amie! Du calme, Greta, du calme!» Oui, elle est peut-être naïve, M. le président, mais il est peu audacieux de voir que les dirigeants mondiaux sont en deçà des attentes, non pas parce que les attentes sont inatteignables, Mais parce qu'ils sont pris dans des affaires économiques et géopolitiques qui les empêchent de s'entendre pour relever l'un des plus grands défis du monde, à savoir préserver l'humanité sur cette planète. Dans sa naïveté, Greta a l'audace de s'attaquer aux dirigeants mondiaux et d'utiliser des mots comme elle l'a fait en s'adressant aux Nations Unies.

"Les gens souffrent, les gens meurent, des écosystèmes entiers s'effondrent. Nous sommes au début d'une extinction de masse et tout ce dont vous pouvez parler, c'est de l'argent et des contes de fées de la croissance économique éternelle."

Elle voit un problème que tout le monde voit mais presque personne n'a la capacité de situer l'urgence de la crise de telle manière à déclencher un mouvement d'activités qui exigent des responsabilités de leurs gouvernements. Oui, beaucoup admettent que le changement climatique est un problème, mais peu ont l'audace de s'engager à tout mettre en œuvre pour le résoudre. Nous commençons par admettre que c'est un problème et ensuite immédiatement commencer à voir les obstacles sur la façon dont nous pouvons le résoudre. Nous trouvons des réponses à la raison pour laquelle ce n'est pas possible; nous perdons notre naïveté dans le processus, et par conséquent, nous ne sommes pas audacieux Il est nécessaire de faire face au problème. Nous finissons généralement par nous contenter de l'ordinaire. L'ordinaire n'est pas transformationnel.L'ordinaire n'est pas transformationnel. C'est ce qui a été fait à maintes reprises. Les résultats ordinaires sont ceux que l'on attend – ordinaires!

Bien sûr, être naïvement audacieux ne signifie pas que l'on a les réponses. Il s'agit de la capacité d'imaginer l'alternative au statu quo et de croire en cette alternative avec une telle passion qu'aucun obstacle potentiel ne peut obscurcir cette imagination. Les gens qui sont naïvement audacieux ont la capacité de communiquer leur imagination si clairement que d'autres peuvent voir leur imagination, croire en elle et s'engager dans son accomplissement. Les gens naïvement audacieux ne peuvent pas faire grand-chose seuls. Ils doivent compter sur les gens qui les entourent, qui deviennent des croyants et des exécutants de l'idée.

Je me suis intéressé à Elizabeth Holmes, dont l'audace naïve a pris le monde d'assaut avec son invention d'une test de sang par l'appareil Edison — l'appareil qui, selon les allégations, peut diagnostiquer deux cents affections en quelques minutes à partir d'une piqûre de sang du bout d'un doigt. Ce qui est fascinant dans son histoire, ce n'est pas qu'elle ait échoué à mettre au point cet appareil de test qui aurait pu révolutionner le diagnostic et le traitement, mais combien sa vision était claire et qu'elle a réussi à convaincre les entreprises les plus conservatrices des chefs d'entreprise mondiaux à rejoindre son conseil. Elle était tellement lucide qu'elle a créé un conseil d'administration de la plus haute qualité pour son entreprise, Theranos, qui comprenait William Perry (ancien secrétaire à la défense des États-Unis), Henry Kissinger (ancien secrétaire d'État américain), Sam Nunn (ancien sénateur américain), Bill Frist (ancien sénateur américain et chirurgien de la greffe cardiaque), Gary Roughead (amiral, marine américaine, à la retraite), James Mattis (ancien secrétaire à la Défense des États-Unis, général du Corps des Marines des États-Unis), Richard Kovacevich (ancien président et chef de la direction de Wells Fargo), et Riley Bechtel (président du conseil d'administration et ancien PDG de Bechtel Group). Il s'agissait d'un groupe impressionnant d'hommes réunis par cette jeune sortante de l'université de Stanford, dont la capacité à visualiser son invention onirique les a convaincus d'ouvrir leurs portefeuilles et leurs réseaux.

À son apogée, Theranos était évalué à 10 milliards de dollars américains. Elizabeth Holmes a été nommée par le magazine *Forbes* en 2015 comme la plus jeune et la plus riche milliardaire américaine. Elle a été interviewée par certains des journalistes les plus influents de notre temps et avait le pouvoir de la star de célébrité. Elle a également été nommée femme de l'année par *Glamour* et a reçu un doctorat honorifique en lettres humaines de l'Université Pepperdine. Mme Holmes a reçu le prix Horatio Alger en 2015, ce qui fait d'elle la plus jeune lauréate de son histoire.

Elle était tellement concentrée sur la réalisation de ses rêves qu'elle a tout fait pour les réaliser, même en changeant son personnage. On dit qu'elle a changé sa voix pour imiter celle du glorieux Steve Jobs et qu'elle portait un col roulé noir et des costumes de créateurs d'Issey Miyake. Elle a toujours cité Winston Churchill, disant : "Ne jamais, jamais, jamais abandonner." Elle croyait que si vous pouviez l'imaginer, vous pourriez le réaliser.

Elle était naïvement audacieuse, et alors qu'elle pouvait voir son invention de rêve, elle ne pouvait pas comprendre la complexité de la science qui pourrait le faire venir à la réalité. Face à cette complexité et enivrée par le glamour de la gloire et de l'avarice, elle a tendu la vérité. Son invention n'a jamais fonctionné. Le plan a pris feu et elle a dû faire face à plusieurs accusations. Theranos s'est complètement effondré. Elizabeth n'a pas réussi à révolutionner la façon dont les diagnostics sont faits ; elle n'a pas non plus transformé par conséquent la manière dont les soins de santé sont fournis, comme on le disait. Elle a toutefois suscité une conversation dans le monde entier sur la possibilité de tels tests médicaux transformationnels. Comment elle a fait ? Quelles qualités possédait-elle qui pouvaient expliquer une telle clairvoyance et vision?

Il a été mon expérience qu'on doit être capable d'étouffer les voix cyniques qui parlent de l'intérieur et de l'extérieur. Cette capacité est une capacité qui se cultive et s'entretient au fil du temps. Personne ne naît avec cette audace naïve; les gens grandissent en elle en fonction de deux choses : un effort conscient et l'expérience. Seules les personnes qui ont eu la capacité de croire à l'audace de leurs rêves ont pu les réaliser, Car, sans aucun doute, ce chemin vers chaque grande réalisation est chargé de défis traîtres.

Quand un jeune homme au nom inhabituel a posé les yeux sur la présidence des États-Unis, beaucoup auraient pensé que c'était un long shot. Il était très probable que Barack Obama devienne président des États-Unis. Étant noir ou, en réalité, de race mixte et ayant été né hors du continent à Hawaï et un nom Barack Hussein Obama, les chances étaient insurmontables. La voie vers la présidence des États-Unis était aussi impossible que le "chameau qui passe par l'œil d'une aiguille". Et pourtant. . . et pourtant. Barack Obama est l'incarnation de l'audace naïve. Il savait que les chances étaient contre lui, mais il ne pouvait pas être perturbé par eux. Sa croyance en ce qui était possible pour l'Amérique a alimenté son ambition et son désir de gagner. On pouvait presque le sentir lutter contre les probabilités comme il l'a fait dans un discours passionné sur le racisme en Amérique quand il a été accusé d'être très proche du pasteur extrémiste présumé Jeremiah Wright. Le discours, intitulé "A More Perfect Union", a été prononcé à Philadelphie le mardi 18 mars 2008. Ce discours a probablement sauvé sa candidature et fait de lui un président. C'est un discours que je recommande à chaque lecteur de s'intéresser pour comprendre comment les chances étaient contre cet homme et pourtant sa conviction dans ce qui pourrait être possible ne le laissera jamais dévier de son but.

Dans ce discours, Barack Obama a brossé un tableau clair de la raison pour laquelle il se présentait à la présidence malgré des chances insurmontables – la capacité de Barack Obama d'aider les gens à croire en ce qui était possible. Il est devenu un président remarquable pour l'Amérique, élevant les perspectives d'un nouvel avenir pour l'Amérique, ou du moins c'est ce que nous pensions.

Le pendule a basculé d'un côté du cadran à l'autre et a amené aux États-Unis et dans le monde un autre président américain naïvement audacieux, Donald John Trump. Contrairement au président Obama, qui a charmé et élevé les esprits du monde avec son message de changement et d'espoir, le président Trump a capturé le côté sombre de la peur profondément enracinée des Américains envers l'autre. Démagogue hors du commun, il a su définir l'essence de sa présidence en la phrase "Make America Great Again". Aimer ou haïr — comme vous pouvez le lire, je suis en difficulté —, il personnifie l'audace naïve. Qui aurait pu s'attendre à ce qu'un divorcé, un scandaleuse, une escroc sans scrupules, un colporteur de controverses, une star de télé-réalité et un millionnaire né à la cuillère en argent devienne président des États-Unis? Surtout après le mandat édifiant du président Obama. Aussi favorable ou défavorable que vous puissiez juger le président Trump, son audace naïve pure a alimenté son chemin à l'élection en tant que président des États-Unis.

Ce contraste des deux présidents américains est une grande étude de cas de ce qu'est l'audace naïve. Comme je l'ai déjà dit, l'audace naïve est la capacité de visualiser un résultat si clairement qu'elle éclipse les obstacles à la réalisation d'un tel résultat. Les présidents Obama et Trump étaient tous deux des candidats à la présidence. Ils sont tous deux devenus présidents avec des points de vue fondamentalement opposés sur l'Amérique et le monde.

Pendant les nombreuses années où j'ai été à la tête de l'organisation JCI, je me suis efforcé de définir mes attentes envers les jeunes. Ce dont j'avais besoin d'eux, c'était de l'audace naïve. Je voulais que les jeunes défient le statu quo; l'ordinaire n'était pas suffisant. À chaque fois que j'imaginais pourquoi notre organisation existait, je m'imaginais des jeunes ordinaires faisant des choses extraordinaires. J'ai vu dans les deux cent mille jeunes membres de la JCI, un mouvement de deux cent mille Severn Suzukis ou Greta Thunbergs. Et pourtant, j'ai toujours été brisée quand ces jeunes mettent autant d'énergie dans le processus plutôt que dans le résultat. Je me suis senti frustré lorsque les gens qui étaient censés repenser le monde ont été coincés pendant des heures dans des réunions du conseil d'administration, essayant de comprendre la procédure parlementaire, lorsque les rivières de leurs communautés se remplissaient de bouteilles en plastique et toutes sortes de déchets. Nous voulions que les jeunes croient en leur capacité à changer le monde. C'est la seule chose qui a changé le monde. Les gens croient — oui, naïvement — qu'ils peuvent changer le monde est la seule chose qui soit transformationnelle.

Je crois fermement à l'importance de donner l'exemple, même si on m'a dit que je relève des défis trop importants pour qu'un seul homme puisse les relever. Ce que je demande aux jeunes, je me mets au défi de le faire même inconsciemment. Lorsque le coronavirus a continué de se propager dans le monde, après avoir vu les effets dévastateurs en Europe, en tant que leader du mouvement "Je suis le Cameroun", dont je parlerai plus loin dans ce livre, j'ai su comme la plupart des gens que l'impact en Afrique serait calamiteux. Je me suis souvenu en avril 2020 de lancer un appel sur Facebook pour que les gens se joignent à moi dans la collecte de fonds pour acheter des équipements de protection pour les travailleurs de la santé au Cameroun. Lorsque les gens m'ont contacté, je leur ai dit que nous devions recueillir un quart de million de dollars et tout ce qu'il fallait faire était d'obtenir 250 Camerounais de la diaspora pour mettre en mille dollars américains, et nous leur fournirions des équipements de protection individuelle (EPI) aux travailleurs de la santé au Cameroun qui étaient en première ligne dans la lutte contre le nouveau coronavirus.

Inutile de dire que j'étais naïvement audacieux. Rapidement, nous avons mis sur pied un comité de surveillance composé de personnes qui se sont présentées à une conférence téléphonique virtuelle et ont accepté leurs responsabilités. Nous avons rapidement pris des mesures, incertains de notre capacité à réunir l'argent. Et si nous récoltions l'argent, nous ne saurions même pas comment nous procurer les EPI. Pendant deux semaines, j'ai travaillé au téléphone, établissant des contacts avec les gens de la diaspora camerounaise, en achetant des EPI de Chine, d'Europe et des États-Unis. Sur le terrain au Cameroun, nous avons mobilisé une équipe pour s'engager avec une association de médecins camerounais et l'association des pharmaciens camerounais afin d'identifier les besoins et de trouver comment soutenir l'incroyable travail de nos travailleurs du miracle au Cameroun.

Pour quiconque connaît le pays du Cameroun et connaît la politique du pays, il serait insensé pour moi, qui avait été refusé l'entrée dans le pays et harcelé par les services de renseignement, d'être encore concentré sur faire quelque chose de grand pour le pays. Je savais qu'il fallait faire quelque chose et j'ai dû jouer un rôle dans ce processus. Après tout, j'avais passé la plus grande partie de ma vie d'adulte à demander aux jeunes d'être des acteurs et Les spectateurs dans leurs communautés.v Même si j'ai vécu aux États-Unis pendant vingt ans, je suis ici avec la conviction qui ne me quittera jamais : que mon pays natal, le Cameroun, peut être meilleur. Six mois plus tard, nous avions levé plus de 30000 dollars américains en espèces et avons obtenu un don en nature d'un fabricant japonais de deux conteneurs de 40 pieds de centaines de milliers de litres de gel sanitaire d'une valeur de plus de 500,000 dollars américains à distribuer aux hôpitaux du pays. Nous avons lancé un défi de conditionnement physique au mois d'octobre qui a mobilisé la diaspora camerounaise pour rester en forme, rester en bonne santé et soutenir la collecte de fonds pour plus d'EPI pour les travailleurs de la santé au Cameroun. Une audace naïve, les grandes choses que vous entreprenez parce que vous voyez clairement quel résultat peut être malgré l'énorme obstacle qui se dresse sur votre chemin.

Dans les grandes et petites organisations, entreprises et collectivités du monde entier, il y a des gens qui voient les défis et les possibilités, mais leur vision de l'action est brouillée par la simple ampleur des obstacles. Ils sont embourbés dans le processus et ne peuvent pas agir. Pourtant, seuls ceux qui agissent font la différence. D'autres personnes sont même confrontées à la même ampleur d'obstacles, mais restent imperturbables et se concentrent sur le résultat. Ils font un pas à la fois, indépendamment des défis ou des échecs. Ils essaient, ils essaient, ils essaient et puis ils gagnent — parfois de grandes victoires, parfois de petites victoires. Au final, une victoire est une victoire et l'audace naïve est ce qui leur donne cette victoire.

Qu'il s'agisse d'une athlète qui gagne un tournoi alors que les cotes étaient contre elle, d'une équipe qui remporte un championnat alors qu'on ne prévoit pas qu'elle le fera, d'une petite entreprise qui transforme le monde, ou un leader qui émerge lorsque les experts ne leur donnent aucune chance – c'est l'audace naïve qui alimente la passion de ces individus, équipes, entreprises et même pays. Une audace naïve est émise dans le proverbe africain selon lequel "une armée de moutons menée par un lion peut vaincre une armée de lions dirigée par un mouton".

CHAPITRE TROIS

Une vision d'ensemble

Ce que le sage peut voir assis, l'imprudent ne peut voir debout.

— Proverbe africain

"Avez-vous une vision globale?" "Pouvez-vous voir la situation dans son ensemble?" Ce sont des questions typiques que nous devons avoir Entendu lors de réunions ou de sessions stratégiques. Que signifie vraiment la vue d'ensemble?

Le test de la guimauve – il s'agit d'une expérience réalisée par l'université de Stanford dans laquelle des enfants âgés de quatre à six ans se voient offrir la possibilité de manger une guimauve maintenant ou d'attendre seul dans une pièce avec la guimauve, de ne pas la manger, puis de prendre deux guimauves après une séance de quinzeminute d'attente. Aussi trivial que cela puisse paraître, l'expérience pèse lourd sur ces enfants qui doivent prendre la décision laborieuse de renoncer à un gain à court terme pour un bénéfice à long terme. La plupart des enfants se laissent aller à l'envie de sucre à court terme et renoncent au deuxième chamallows.

Le conseil d'administration est tellement préoccupé par les déficits budgétaires à court terme qu'il limite l'embauche de personnel qui appuiera la commercialisation des produits. Une stratégie d'investissement qui rapportera 8 % par an semble particulièrement bonne, mais cette décision signifie qu'il faudra renoncer aux déplacements non essentiels maintenant. Il serait bien de se bâtir une réputation mondiale, mais l'investissement dans une agence de relations publiques est trop cher. Ces décisions sont aussi pénibles que la décision des enfants de savoir s'ils doivent attendre la guimauve. Dans tous les exemples, la réflexion sur l'ensemble des choses aurait mené à de meilleurs résultats pour l'entreprise ou l'organisation. Toutefois, le conseil d'administration et le personnel sont parfois tellement attachés aux détails de l'actualité qu'ils ne voient pas quel sera l'avantage à long terme de leur action à court terme.

En 2012, j'ai été invité à prendre la parole au Congrès international des petites entreprises qui se tenait à Johannesburg, en Afrique du Sud. Cela a été fait à la suite du lancement du Cadre de citoyens actifs de JCI, un outil conçu pour aider les organisations à créer un impact durable en identifiant les besoins des communautés et en fournissant des solutions qui répondent à ces besoins sociétaux. En m'adressant aux jeunes propriétaires d'entreprises, je leur ai demandé de considérer la situation dans son ensemble lorsqu'ils se lancent dans une entreprise. Les entreprises prospères ne font pas que des profits. Un modèle d'entreprise durable est celui qui fournit des solutions aux besoins. Pensez à un développeur d'applications. Personne ne devrait créer une application pour gagner de l'argent. . . oui, il devrait être en mesure de faire de l'argent, mais cela ne devrait pas être la raison du développement. La raison doit être qu'elle est pertinente, qu'elle peut servir à répondre à un besoin ou à résoudre un problème. Un magasin de coin n'est pas seulement là pour vendre des produits alimentaires, mais la seule façon qu'il puisse croître au fil du temps est si ce magasin de coin devient une partie de la communauté, en comprenant leurs besoins, en établissant des relations et en rendant le magasin pertinent à la vie des gens dans la communauté. Il était fascinant de voir les ampoules allumées dans les yeux des jeunes dans cette salle. Pour tout vous dire, je n'ai jamais vraiment dirigé de petite entreprise. Eh bien, oui, j'ai essayé un club sportif une fois et il a échoué pour la raison même que à l'époque, je voulais faire de l'argent et non pas construire une entreprise durable. J'étais jeune alors. Après mon discours, j'ai été envahi par des jeunes qui voulaient en apprendre davantage sur cette vision d'ensemble. J'ai été vraiment frappé par une conversation que j'ai eue avec cette jeune femme, Glory Omoregie, qui venait de démarrer une entreprise de design d'intérieur. Dans la conversation, elle m'a dit qu'elle le faisait parce qu'elle était passionnée par les designs d'intérieur et non pas par l'argent. Je lui ai demandé : "Voyons la situation dans son ensemble. Que voulez-vous accomplir?" Elle a dit : "J'aimerais que mon entreprise soit connue. Je veux faire croître mon entreprise." J'ai sorti un morceau de papier, et nous avons commencé un petit exercice avec elle. Je lui ai demandé pourquoi elle s'était lancée dans ce métier et elle m'a parlé de sa passion. Je lui ai demandé si elle était douée pour ce qu'elle faisait et elle a répondu oui. Je lui ai demandé Si elle aimerait partager son talent avec quelqu'un d'autre, et elle a dit oui. Je lui ai demandé si elle pensait que les gens voudraient apprendre d'elle, et la réponse était oui. J'ai dit : "Voilà! Voici votre modèle d'affaires. Que diriez-vous de ne pas avoir une entreprise qui fait un contrat après l'autre, mais plutôt d'enseigner aux gens comment faire des décorations d'intérieur? demandai-je. Au lieu de cela, établissez un modèle de partenariat ou de franchise dans lequel vous travaillez avec les personnes que vous formez pour lancer des satellites de votre entreprise dans d'autres régions du pays afin de répondre à la demande croissante. Les affaires de Glory ont maintenant connu une croissance phénoménale au Nigéria en adoptant des variantes d'une séance de stratégie de réflexion sur le grand tableau.

Paul O'Niel, ancien secrétaire au Trésor des États-Unis, était un penseur qui avait une vision d'ensemble. Sa vision d'ensemble, a-t-on dit, lui a coûté son poste de secrétaire au Trésor. Il est décédé récemment, mais on se souviendrait le plus de lui pour ses réalisations exceptionnelles en tant que directeur général d'une entreprise manufacturière appelée Alcoa.

Rodd Wagner, un contributeur du magazine *Forbes*, a écrit le 19 janvier 2020 que "le mandat de Paul O'Neill à la barre d'Alcoa est maintenant une légende". Son mandat à Alcoa est toujours en cours d'étude dans les universités des États-Unis.

Lorsqu'il a été embauché pour occuper le poste de PDG d'Alcoa, beaucoup ont été surpris qu'au lieu de parler dans les termes traditionnels comme ceux des investisseurs et des analystes financiers, notamment sur la façon dont il augmenterait la rentabilité, réduirait les coûts et augmenterait la valeur actionnariale, Il a plutôt parlé de la sécurité des travailleurs. Sa vision pour accroître les résultats nets était axée sur la sécurité des travailleurs. Il faut toutefois penser en grand pour comprendre cela.

Paul O'Niel voulait créer une habitude d'excellence chez Alcoa, et il voyait que si les employés pouvaient s'investir beaucoup dans leur propre sécurité, ils auraient adopté cette habitude d'excellence. Le taux de blessure serait alors une mesure de la façon dont ils étaient dévoués à cette habitude d'excellence. Lorsque les employés ont adopté l'entreprise comme Si elles étaient propriétaires, elles seraient diligentes, les accidents diminueraient et la société aurait un meilleur rendement.

Comme vous pouvez l'imaginer, cela a rendu les investisseurs nerveux. Certains ont cru que cet homme était fou et ont retiré leurs investissements. Cependant, ces cyniques n'ont pas vu la situation dans son ensemble. Ils se sont tournés vers des chiffres à court terme plutôt que vers une croissance soutenue et à long terme. Charles Duhigg dans son livre à succès *The Power of Habit* a écrit "Une personne qui a investi un million de dollars dans Alcoa le jour où O'Neill a été embauché aurait gagné un autre million de dollars en dividendes pendant qu'il dirigeait la société, et la valeur de leurs actions serait cinq fois plus élevée lorsqu'il quitterait."

La réflexion sur l'ensemble de la situation a permis à Paul O'Neill de se rendre compte que ce sont les personnes qui travaillent dans les usines de fabrication qui ont fait le succès de l'entreprise, et non les tableaux et les chiffres d'investissement. En réduisant considérablement les accidents, il a pu rendre l'entreprise rentable. Lorsqu'il rencontrait son conseil d'administration et les membres de son personnel, il commençait toujours par parler de sécurité. Il a vu la situation dans son ensemble et il est certain qu'il était sous la pression des membres du conseil d'administration, des actionnaires et des investisseurs pour montrer des résultats à court terme. Mais, fort de ses convictions et de sa capacité à communiquer efficacement, il a poursuivi la transformation de l'entreprise en mettant l'accent sur la sécurité.

Comment développer la capacité de penser en grand?

Vous avez dû entendre le dicton "ne pas transpirer les petites choses" ou "sortir des mauvaises herbes". Les processus permettent d'obtenir des résultats, mais les processus ne sont pas les résultats. Bien que la réflexion sur le processus soit importante, il est encore plus important d'avoir une vue d'ensemble. Un dirigeant d'association qui choisit de se concentrer sur l'impact plutôt que sur les membres retarde clairement le gain à court terme des membres et construit une organisation pertinente à sa mission de se concentrer sur la grande image. Un PDG qui choisit de se concentrer sur la transformation de son entreprise en leader dans l'action climatique rend l'entreprise plus socialement responsable et attrayante pour les parties prenantes qui finiront par faire gagner l'entreprise et ses actionnaires. Un président d'un pays qui choisit de travailler avec la communauté internationale pour lutter contre une pandémie afin que le virus soit contenu et que la mortalité soit considérablement réduite obtient qu'il protège la vie de son propre peuple.

Personne ne naît avec la capacité de penser grand. C'est une habitude qui est cultivée, nourrie et autorisée à devenir prédominante dans le processus de pensée humaine. Une habitude est un processus qui, lorsqu'il est répété souvent, devient partie intégrante de son subconscient. Pour devenir un penseur de l'image globale, il faut mettre en pratique la pensée globale. Cela commence par réfléchir à ce qui est vraiment possible. Si je vous demandais ce qui est possible avec la publication de ce livre, vous me direz probablement que nous pouvons vendre un million d'exemplaires de ce livre en cinq ans. Ma réponse. . . "C'est tout?" Qu'en est-il de ce qui est sauvagement possible? Voici ce qui est possible — que cet ouvrage devienne une référence pour des millions d'entrepreneurs, de chefs d'entreprise, de dirigeants d'associations et de particuliers dans le monde entier en comblant l'écart entre les possibilités de réaliser leur plus grand potentiel. Cette dernière perspective transforme le projet de simple rédaction et publication en un projet transformateur. Le second inspire, tandis que le premier motive. L'inspiration est une force motrice interne qui vous pousse à réaliser quelque chose, tandis que la motivation est une force externe qui vous pousse à faire quelque chose. La vue d'ensemble inspire plutôt qu'elle ne motive. Le gain à court terme, comme un bonus, des profits rapides et une promotion, motive tout le monde, mais ne fait pas penser à l'image de fond. Quand on est inspiré, on est poussé à pousser son imagination jusqu'aux limites. Vous vous réveillez chaque jour en sachant que vous vous embarquez sur quelque chose de plus grand que vous.

Voici quelques conseils très simples.

Pensez à une chose que vous aimerez changer autour de vous. Rayez ça. Réfléchissez bien. Pensez au-delà de vous-même. Il ne s'agit pas de vous; il ne s'agit pas de votre gain personnel ou de votre bonheur. Qu'est-ce qui vous passionne ? Quels talents avez-vous ? Comment pouvez-vous utiliser ce talent pour changer la chose que vous voulez changer? Notez-les au fur et à mesure.

Maintenant, créez l'espace pour penser à ce que vous espérez changer. Est-ce que cela apporte une solution au plus grand nombre ou est-ce simplement la satisfaction de vos besoins personnels à court terme? La réflexion sur le grand tableau porte beaucoup plus sur le bien le plus grand.

Dessinez dans votre esprit ce que vous cherchez à réaliser. La visualisation est un outil puissant pour atteindre vos objectifs. Il s'agit en fait de l'image dans la pensée globale.

Revenez de cette grande idée à l'endroit où vous êtes aujourd'hui et demandez-vous ce que vous devez faire différemment maintenant qui créera un chemin vers cette grande idée.

Il est maintenant temps d'agir. N'attendez pas le lendemain, et n'attendez pas pour remettre en question les théories de cette possibilité sauvage. Si l'idée est trop folle pour être réalisée, vous ne perdez rien d'avoir commencé; vous gagnez seulement de l'expérience.

En 2012, je me suis assis dans une salle remplie de jeunes parmi les plus brillants d'Afrique — c'est ce que je pensais. Il s'agissait de l'Assemblée de la JCI pour l'Afrique et la Conférence du Moyen-Orient. J'avais observé pendant une journée entière avec grand désarroi comment chaque chef venait parler à la salle du travail incroyable qu'ils avaient fait dans leurs différents pays. Ils ne faisaient qu'exalter leurs efforts pour l'organisation. Il ne semblait tout simplement pas qu'ils assumaient la responsabilité de l'Afrique et du Moyen-Orient ou de leurs divers pays. Il n'y avait pas de réflexion globale; tout était à propos d'eux-mêmes et de l'organisation. J'étais troublé. Comment se fait-il que nous ayons réuni un groupe aussi remarquable de gens qui étaient propriétaires d'entreprises, entrepreneurs, cadres intermédiaires, fonctionnaires, enseignants et avocats — ces personnes avaient la capacité et de transformer l'Afrique, et nous étions assis dans la salle de conférence d'un hôtel cinq étoiles à Casablanca, au Maroc, et pourtant, à l'extérieur de cette salle, des mendiants demandaient à manger. En tant que secrétaire général adjoint de l'organisation et fils d'Afrique, j'étais encore plus troublé.

Je me souviens d'avoir demandé au président de l'époque, M. Paschal Dike du Nigéria, de m'autoriser à m'adresser à l'auditoire. Il me l'a permis, et je suis monté sur ce podium, et à ce jour, je ne sais pas d'où viennent ces mots. Au moment où j'avais fini, je déchirais, la moitié du public était en larmes et tout le monde était debout, même ceux qui n'ont pas prêté attention aux mots que j'ai prononcés.

Voici mon message aux jeunes;

> Les pays africains ont atteint l'indépendance il y a 50 ans et plus. Il y a 50 ans, les jeunes comme vous dans cette salle avaient des rêves — de grands rêves. Ils rêvaient d'une Afrique libre et indépendante, où chaque enfant né aurait accès à de l'eau potable, à une éducation de qualité, à des soins de santé de qualité et à la justice. Ils rêvaient d'un continent qui n'avait aucune raison d'envier l'Occident, un continent avec de bonnes routes, des hôpitaux, des universités et des parcs urbains. Il s'agissait de jeunes gens dans la vingtaine et le début de la trentaine. Ils défendaient quelque chose de plus grand qu'eux, ils étaient visionnaires!

> Nous voici 50 ans après que la plupart des pays africains ont obtenu leur indépendance et pourtant les rêves de nos fondateurs nous échappent encore. Ils nous ont donné l'indépendance, ils nous ont donné les pays

et les drapeaux que nous représentons dans cette salle, maintenant c'est notre temps, qu'allons-nous donner à la prochaine génération d'Africains? Que dira la prochaine génération de notre génération? Quels étaient nos rêves? Quels étaient nos espoirs et nos aspirations, et qu'avons-nous fait pour les réaliser?

Depuis plus de 50 ans, notre organisation prétend créer des leaders sur ce continent, nous avons eu toutes sortes de titres et occupé toutes sortes de postes et pourtant l'Afrique est toujours à la traîne. Nous sommes assis dans un hôtel 5 étoiles ici à Casablanca—tous Habillé en costume, et pourtant, à l'extérieur de cette salle, se trouve un continent qui est ravagé par la pauvreté, la corruption et les conflits. Cinquante ans d'efforts pour changer les choses et pourtant tous les enfants nés sur le continent n'ont pas accès à l'eau potable, à une éducation de qualité et aux soins de santé. Ce n'est pas l'histoire des pays que nous voulons, ce n'est pas le rêve de nos fondateurs.

Je vous mets au défi mes frères et sœurs de défendre quelque chose de plus grand que vous-même, nous ne sommes rien si nous sommes dans ce pour l'auto-grandidization, nous parlons à nous-mêmes, nous parlons le grand discours et pourtant nous ne sommes pas pertinents aux gens et au continent qui a besoin de nous. Je vous mets au défi d'être des leaders non seulement de vos organisations nationales, mais aussi de vos pays et de ce continent qui aspire à un nouveau leadership. Je vous mets au défi de changer le récit de la pauvreté, de la misère et des ténèbres qui ont tant affligé l'Afrique, d'allumer les lumières, de ramener l'espoir dans vos communautés et vos pays.

Je suis descendu de cette scène pour un applaudissement. Le public était très enthousiaste, mais je savais que la vue d'ensemble était loin d'être comprise. Des années plus tard, mon sentiment intérieur serait prouvé.

Même lorsque nous pouvons voir clairement l'image, le déplacement vers elle est un autre défi. Je savais alors, et je sais maintenant que je devais donner l'exemple.

En décembre 2012, j'ai mobilisé un groupe de jeunes au Cameroun et lancé un mouvement appelé "I Am Cameroon", "Je suis le Cameroun". La mission du mouvement est d'inspirer, d'éduquer et d'inciter les Camerounais à accepter et à assumer la responsabilité du développement du Cameroun. Il est, en d'autres termes, destiné à aider les Camerounais à voir la grande image. Au-delà des questions qui étaient omniprésentes de division, il y avait beaucoup plus qui pourrait nous unir. Le Cameroun est un pays qui souffre du fardeau exaspérant de son double héritage colonial. Ce qui devait être un projet glamour d'une fusion unique du système de gouvernance anglais (comme au Royaume-Uni) et français (comme en France) a dégénéré en un projet de la domination francophone et de l'assujettissement des anglophones, ou du moins c'était ce qu'on avait pu démontrer.

J'ai vu une occasion formidable de rassembler les gens, en particulier les jeunes, autour d'une idée qui était plus grande que les phrases toutes faites. J'ai réalisé que sous la surface d'un pays apparemment pacifique se trouvait l'ébullition de colère et de frustration portée par des années de négligence du régime dictatorial impitoyable qui régnait. Je savais que cette pression allait exploser, et je voulais changer l'état d'esprit des gens pour qu'ils ne pensent plus aujourd'hui mais à l'avenir — les gens étaient devenus complaisants et cyniques au sujet du changement. La corruption était profondément ancrée dans le cœur du pays, le patriotisme n'était pas une priorité pour les gens et la survie des plus forts ou des plus connectés était le nom du jeu. Parler de changement a été accueilli avec une oppression féroce des forces gouvernementales qui ont réprimé toute forme de dissidence. Pourtant, lorsque nous avons lancé le mouvement au Cameroun, nous avons mobilisé des dizaines de milliers de jeunes dans les grandes villes du pays pour qu'ils commencent à croire en quelque chose de plus grand qu'eux. Nous avons uni nos forces avec d'autres organisations pour inscrire des centaines de milliers de jeunes aux prochaines élections législatives et présidentielles. Nous avons exhorté les jeunes à se présenter aux élections pour apporter le changement, et nous sommes devenus une menace. Comme je voyageais occasionnellement au Cameroun, puisque j'habite aux Etats-Unis, je ne savais pas que mes activités étaient surveillées par le terrible service secret du Cameroun. En 2016, lors d'une visite au Cameroun, j'ai été approché et interrogé pendant des heures par les services secrets de la capitale, Yaoundé. Ils ne semblaient pas avoir une vue d'ensemble, ou peut-être qu'ils en ont vu une plus grande. Ils avaient imaginé un plan que je me présenterais comme président du Cameroun et avaient reçu 350 millions de dollars US pour déstabiliser le gouvernement du Cameroun. Vous ne pouviez pas inventer cela, mais c'est vraiment arrivé. Après deux jours de querelles avec les services secrets, je suis parti du Cameroun, sachant que nous avions mis l'histoire au repos. Le 21 décembre 2017, je suis allé au Cameroun et à mon arrivée dans la capitale économique, j'ai encore une fois été approché par la police de l'immigration qui m'a dit que je n'avais pas le droit d'entrer dans le pays. C'est la terre de ma naissance, un pays... J'ai tant aimé et a été son ambassadeur pendant tant d'années. Me priver de l'entrée dans le pays était juste au-delà de mon imagination. J'ai pris un vol de retour d'Air France pour Paris et ensuite les États-Unis. Au moment où j'écris, je ne suis plus revenu depuis, mais le mouvement continue. Depuis 2017, le pays a dégénéré en guerre civile, les régions anglophones cherchant l'indépendance. C'est ce que j'essayais d'éviter; malheureusement, les gens du régime n'ont pas vu la grande image. Après trois ans de conflit sanglant, avec plus de dix mille personnes massacrées, des écoles fermées, des hôpitaux incendiés et des centaines de milliers de personnes déplacées à l'intérieur et à l'extérieur du pays, le mouvement I Am Cameroon a continué sa mission d'inspirer, Éduquer et engager les Camerounais à accepter et à assumer la responsabilité du développement du Cameroun. Alors que le coronavirus faisait rage dans le monde entier, nous avons mobilisé quelques centaines de Camerounais de la diaspora pour soutenir les travailleurs de la santé au Cameroun, en signant un protocole d'accord avec le deuxième fournisseur de soins de santé du pays pour aider à ralentir la propagation du virus. Malgré le fait que les gens avaient été si divisés par le fardeau d'une guerre inutile, ils pouvaient voir l'espoir dans la grande image. Nous avons dû nous unir, quelles que soient nos opinions politiques, pour combattre un ennemi commun : le coronavirus. Je fais une paranthèse, mais voici à quoi ressemble la pensée générale. Il fait imaginer des choses qui n'ont jamais été.

La pensée de l'ensemble a conduit à des gratte-ciel qui se dressent au-dessus des déserts de la ville-état connue sous le nom de Dubaï aux Émirats arabes unis. Cette vision était celle du cheikh Mohammed bin Rashid al-Maktoum, qui voyait l'opportunité de construire une économie au Moyen-Orient qui ne dépendait pas uniquement du pétrole. Aussi imparfaite que cette vision ait été, elle a apporté suffisamment de prospérité aux citoyens de cet État-nation. La réflexion globale est aussi ce que la petite nation insulaire de Singapour a fait pour devenir l'un des plus grands centres financiers du monde. C'est en grande partie la vision et le leadership de Lee Kuan Yew qui ont conduit Singapour à se distinguer d'autres pays comme la Malaisie ou l'Indonésie qui avaient les mêmes réalités socio-économiques lors de l'indépendance.

Certaines personnes ont la capacité de voir le tableau d'ensemble, et d'autres non. Je suis convaincu qu'on peut former l'esprit comme mentionné précédemment à penser plus grand que la réalité évidente. La vision d'ensemble ne signifie pas qu'on change la trajectoire d'une nation ou du monde, mais simplement qu'on a la capacité de voir un résultat différent de celui que nous obtenons habituellement. Prenons le système judiciaire aux États-Unis, par exemple. Aux États-Unis, la justice aspire à "l'égalité de tous devant la loi". Pourquoi donc les politiciens se vantent-ils de nommer des juges libéraux ou conservateurs aux tribunaux? L'idée que la justice pourrait être inclinée pour être favorable aux libéraux ou aux conservateurs est, à mon avis, en soi un conflit avec les aspirations de "justice égale devant la loi". Ne devrions-nous pas penser au tout plutôt qu'à la partie? Segmenter la justice en divisions libérales ou conservatrices plutôt qu'en unités; il semble que ce soit la moitié de la justice plutôt que le tout. Et si nous avions de bons juges, pas des libéraux, pas des conservateurs mais de bons juges? Oui, c'est une pensée folle, mais imaginez à quel point l'Amérique ou le monde seraient différents si la justice était la justice.

Le dicton africain "Ce que les sages peuvent voir en position assise, les imprudents ne peuvent pas voir debout" est parfois élaboré avec : "Les imprudents ne peuvent pas voir même s'ils escaladent un arbre d'iroko". La capacité de voir le grand tableau est donnée à ceux qui cultivent. Par habitude, elle devient une seconde nature et guide la prise de décision et la capacité à diriger, à gagner et à gouverner.

CHAPITRE QUATRE

Leadership partagé

Une grande chaise ne fait pas un roi.

— Proverbe africain

Personne n'a jamais réalisé quoi que ce soit seul! Il s'agit de développer une vision, de croire en la vision, de communiquer cette vision est si claire que d'autres y croient et qu'ils la font réaliser. Depuis des générations, on a beaucoup investi pour déterminer qui est un leader et les différents styles de leadership, alors je vais vous épargner la peine. Ce que je n'ai pas beaucoup lu, c'est le contexte du leadership inspiré par la philosophie africaine : "Une grande chaise ne fait pas un roi".

Quand on pense au leadership, on imagine le général militaire, l'homme politique, un chef d'État, un homme d'État, un capitaine d'école, le pasteur, le PDG, le patron—et je peux continuer. Notre perception des leaders passe généralement par les prismes des positions qu'ils occupent. Nous sommes plus susceptibles d'associer le leadership à un titre ou à un grade. Mais ces attributs ne font pas de quelqu'un un leader. En fait, ces attributs mettent à l'épreuve la capacité de chacun à diriger. Nous visualisons également le leadership comme une structure hiérarchique, où le leader s'assoit au sommet et aboie des ordres au bas de l'échelle, mais l'essence du leadership ne consiste pas seulement à donner des directives. Il prend les gens dans la direction souhaitée.

Dans les trois premiers chapitres de ce livre, nous avons mis l'accent sur la mentalité axée sur les possibilités, l'audace de nos idées et la capacité de penser en grand. Tout cela ne peut être réalisé si nous n'avons pas la capacité d'amener les autres. Au fil des ans, j'ai joué un rôle dans la société Je suis devenu plus jeune et j'ai compris que la meilleure façon de diriger les gens est d'avoir un leadership partagé.

Qu'est-ce que le leadership partagé?

Le leadership partagé a été défini et redéfini de diverses façons, mais à mon avis, Marshall Goldsmith dans l'article du 26 mai 2010 de la Harvard Business Review tente de donner la définition la plus proche du leadership partagé. Il affirme que le leadership partagé consiste à maximiser toutes les ressources humaines d'une organisation en donnant aux individus les moyens de s'épanouir et l'occasion de prendre des postes de direction dans leurs domaines d'expertise. Selon mon expérience, j'ai défini le leadership partagé comme étant la capacité d'une personne en position d'autorité de donner aux autres les moyens de s'approprier et d'appliquer leurs meilleures qualités pour atteindre la mission globale de l'organisation.

Le leadership partagé n'est pas seulement la meilleure façon d'atteindre les objectifs d'une équipe, c'est à mon avis la seule. Il exige des dirigeants qu'ils fassent confiance aux autres et qu'ils tirent parti du talent des autres pour obtenir les meilleurs résultats possibles pour l'organisation. Ce n'est pas une tâche facile. Un leader devra mettre de côté son ego, sortir du feu des projecteurs et laisser les autres briller. Pour faire ce dernier, le leader doit se sortir de l'équation et se concentrer sur la finalité de l'organisation. Est-ce que l'exploitation des compétences et la création de possibilités pour les autres de se développer appuieront la réalisation de la mission?

Si oui, alors qu'il en soit ainsi.

J'ai rapidement appris, lorsque j'ai été nommé à la tête d'une organisation mondiale, sur une situation dans laquelle se trouvent la plupart des dirigeants. On appelle cela la solitude du leadership. En tant que membre d'une organisation, vous attendez de chacun qu'il joue son rôle et, s'il le fait, la tête va se coucher paisiblement. Cependant, ce n'est pas ce qui est généralement obtenu. Le leadership est surtout préoccupé par la réparation des choses qui sont brisées et les systèmes qui ne fonctionnent pas, qu'il n'y a pas de place pour mener l'organisation vers son avenir. Que la solitude du leadership est une maladie qui vous ronge à l'intérieur alors que vous agonisez jour et nuit sur les solutions magiques que vous pouvez apporter aux défis quotidiens. La responsabilité vous revient, le chef. Ou du moins, il devrait. Les actionnaires, les membres du conseil d'administration, les clients et toutes les parties prenantes vous demandent des réponses. Quand vous gagnez et que vous avez de la chance, quelques-uns vous tabasseront sur le dos; quand vous perdez, ils vous tombent dessus comme une tonne de briques. Pourtant personne ne porte vos chaussures, personne ne voit ou ne sait ce que vous savez ou ne savez pas. Mais l'essence de la direction d'une organisation ne devrait pas être de résoudre les problèmes opérationnels, mais plutôt de mener l'organisation vers un avenir meilleur que le passé et le présent.

Cette "solitude du leadership", que j'ai d'abord définie comme une maladie à laquelle tous ceux qui ont dirigé un groupe doivent avoir fait face, peut devenir une occasion si le leader se rend compte que la plus grande ressource dans la direction d'une organisation est les gens — leur talent et leur attitude. Pour que cela soit réussi, le leader doit s'entourer des bonnes personnes qui non seulement sont talentueuses mais aussi ont la bonne attitude et comprennent clairement la vision. En substance, vous ne déléguez pas seulement. Vous partagez le leadership. En déléguant, vous accordez à quelqu'un l'autorité d'accomplir une tâche spécifique, mais en partageant le leadership, vous donnez l'autorité et la responsabilité à quelqu'un de prendre des décisions sur ces tâches et de les accomplir comme si vous faisiez la même chose. Vous devez être prêt à assumer les conséquences de leurs décisions. Vous assumez les échecs et célébrez le succès en mettant en valeur la contribution de votre coleader. Plus j'ai partagé le leadership, plus je pouvais trouver le sommeil, mais plus encore, plus je pouvais aussi trouver de l'espace pour la créativité, explorer de nouveaux horizons et faire avancer l'organisation.

Plus j'ai poursuivi le leadership partagé, plus je pouvais faire confiance aux capacités des membres de mon équipe. En 2015, par exemple, j'ai demandé à un coéquipier plutôt jeune de présider les célébrations mondiales du centenaire de mon organisation. C'était un gros coup, et je pouvais voir le choc sur les visages des membres du conseil d'administration quand je leur ai présenté le chef d'équipe. Ma collègue de confiance ne comprenait pas que je lui donnais toute autorité et lui faisais confiance pour prendre des décisions sur les célébrations. En regardant ce que nous avons accompli, c'était phénoménal qu'elle ait réussi à tout faire. Nous avons lancé une campagne pour l'égalité sociale (nous étions très en avance sur notre temps) et avons été réprimandés par le conseil d'administration, qui pensait que l'égalité n'était pas un problème — une telle ironie. Nous avons organisé un forum de relations publiques et lancé une campagne mondiale. Nous avons lancé un documentaire de 20 minutes, Qu'est-ce que le mouvement, qui a été diffusé dans des centaines de villes à travers le monde; lancé une chanson-thème; construit un monument de 100 000 $ et a amassé plus d'un demi million de dollars, et lancé et vendu une ligne de marchandises. Incroyable! Ma collègue n'avait pas le titre de directrice, mais on lui a donné l'occasion de diriger — et en tant que leader, elle a pu diriger une organisation mondiale pour obtenir une célébration convenable du centième anniversaire.

Il est toujours plus facile de raconter des histoires comme celles-ci après coup qu'avant. Mais ils sont 'chargés' de leçons à apprendre. Je vous épargnerai les détails de ce cas et partagerai avec vous les leçons que j'ai apprises pendant plusieurs années de mise en œuvre du leadership partagé.

Être axé sur la mission

Occuper un poste n'est pas la raison pour laquelle vous êtes un leader. Les distinctions et les insignes de leadership ne dureront que si vous atteignez la raison pour laquelle vous menez, soit la mission de l'organisation. Jouer à la galerie et se projeter comme un leader fort est insoutenable pour l'organisation même si c'est une auto-préservation pour l'individu. Les leaders ont généralement du mal à comprendre comment je peux me protéger dans cette position et pourtant, se concentrer sur la réalisation de la mission. Bien que les deux ne soient pas mutuellement exclusifs, la priorité doit toujours être la mission. Si la priorité est l'autopréservation, alors la mission en souffre invariablement. L'organisation en souffre.

En se concentrant sur la mission, on peut donc faire confiance au talent des autres membres qui feront avancer la mission plutôt que de surpasser le leader. Si l'organisation est axée sur la mission à tous les niveaux, le leadership partagé devient possible puisqu'il y a harmonisation à tous les niveaux. En tant que leader, vous devez constamment veiller à ce que les personnes qui vous entourent comprennent que l'organisation est guidée par la mission et rien d'autre.

Communiquer efficacement

Réaliser la mission en tirant parti des talents des membres de l'équipe signifie que tout le monde dans l'équipe reste sur la même longueur d'onde. Cela ne peut être réalisé que par une communication constante et efficace. Les communications efficaces prennent diverses formes, et nous pourrions nous attarder là-dessus aussi longtemps que la lecture de ce livre dure, alors je vais garder ça pour un autre jour. Selon mon expérience, j'ai communiqué efficacement avec mon équipe de quatre façons:

- *Soyez cohérent.* Mettre constamment la mission avant chaque conversation aide les personnes avec qui vous partagez le leadership à comprendre les priorités. Être cohérent dans les messages à chaque occasion clarifie le but de l'équipe.

- *Poser des questions.* Poser des questions à plusieurs reprises pour s'assurer que les objectifs sont bien compris. Les subordonnés peuvent ne pas se sentir à l'aise de parler, mais en posant des questions, la conversation est encouragée. On m'a dit que cela pouvait être un peu intimidant, alors il faut mesurer.

- *Écoutez.* Probablement la compétence la plus importante que j'ai acquise et que tout leader doit acquérir est d'écouter réellement les gens autour de vous. Ne pas simplement écouter pour cocher cette case, mais écouter, engager, débattre si nécessaire et prendre chaque mot en considération. Si le leadership est partagé, votre interlocuteur doit aussi avoir son mot à dire.

- *Raconter des histoires.* J'ai constaté que la façon la plus efficace de communiquer est par le biais du récit. Probablement l'Africain en moi me dit que les gens sont intrigués par des histoires. Trouver une histoire qui peut communiquer le résultat de la façon la plus efficace pour l'équipe aide ceux qui partagent leur leadership à visualiser les attentes. Que ce soit l'histoire de Florence Chadwick que nous avons lue plus tôt dans ce livre ou l'histoire biblique de David et Goliath, utilisez les histoires pour aider à stimuler l'action.

Être un collaborateur

Le leadership partagé signifie ceci : descendez de la scène et prenez place dans l'auditoire. Joignez-vous à l'équipe; ne vous attendez pas seulement aux résultats. Bâtir la confiance et donner confiance en votre leadership partagé. Gardez à l'esprit que vous voulez vous concentrer sur la grande image, donc pour faire cela, vous devez prendre votre position hors de l'équation. Évidemment, cela peut être difficile à comprendre pour les subordonnés. Vous devez donc briser les barrières; donner l'exemple. Voici quelques gestes très simples que vous pouvez faire. Faites du café pour tout le monde lors d'une réunion d'équipe. Offrir de prendre des notes sur le tableau à feuilles mobiles. Soyez le dernier intervenant sur les questions pertinentes et ne sautez que lorsque la conversation perd de vue l'ensemble des enjeux.

Être un motivateur

Partager le leadership signifie être une pom-pom girl pour votre leader partagé. Vous voulez qu'ils réussissent comme si c'était vous qui jouiez le rôle. Vous êtes probablement la meilleure personne pour les encourager. Louez à chaque occasion. Mettre l'accent sur les aspects positifs et souligner leurs points forts. Il y a une valeur incroyable à faire que quelqu'un se sente digne de confiance, même quand ils n'ont pas donné le meilleur d'eux-même. Félicitez-les pour le succès de 20 % qu'ils ont eu et concentrez-vous sur la façon d'élever les 80 % aux normes des 20 % réussis. En tant que leader qui partage son leadership, chaque mot et action pourrait motiver ou démotiver. Rappelez-vous toujours que vous tirez parti des forces des autres pour améliorer le résultat. Exploitez ces forces par vos paroles et vos actes.

Célébrer le succès

En janvier 2019, afin d'améliorer la performance de mon équipe, nous avons organisé une retraite d'entreprise et après une journée de brainstorming, nous avons découvert que les petites choses font une grande différence. En tant qu'équipe, nous avons accompli beaucoup de choses mais ne nous sommes jamais donné une pause pour célébrer notre succès. Nous avons été constamment exhortés par nos parties prenantes, à juste titre, à faire plus. Nous étions toujours tellement concentrés sur la lutte contre les incendies que nous ne pouvions pas voir combien nous gagnions. Notre discussion, dans laquelle nous avons fait le point sur ce que nous avions accompli, a été marquée par le désir ou la nécessité de célébrer nos petites victoires. Nous avons décidé de faire exactement cela. Le leadership partagé consiste à célébrer les petites victoires. Chaque étape mérite d'être célébrée.

Ne vous y trompez pas, le leadership partagé n'est pas une promenade dans le soleil du matin. Il comporte ses propres défis. Ces difficultés pourraient être dues à une mauvaise compréhension de la mission, à un manque de communication, à un faible niveau de motivation et au fardeau précipité des responsabilités. Parfois, il s'agit simplement d'une différence dans les attentes ou du caractère fort de la volonté des parties, mais dans tous les cas, ce qui doit régner en maître est la mission — le but de l'organisation.

En tant qu'élève du leadership partagé, aucun exemple ne m'a fasciné plus que l'exemple de Nelson Mandela. Je sais que vous pensez que tout le monde célèbre Mandela, mais il a en fait mérité les éloges et a illustré le proverbe africain : "Une grande chaise ne fait pas un roi". Il s'agit de la façon dont vous vous asseyez sur le sujet, des décisions que vous prenez en étant assis dessus et de ce que les gens ressentent à l'égard de ces décisions. Retirez le titre et les décisions seront toujours justes.

Le samedi février 1997, l'Irish Times a publié l'article "Buthelezi est devenu président par intérim dans un mouvement de paix par Mandela". Vous ne lisez pas les titres des journaux occidentaux sur les bonnes actions des dirigeants africains. C'est juste la façon dont les choses sont, alors pardonnez-moi de dire cela, mais il était étonnant qu'il ait été publié par l'Irish Times.

Pourquoi ce titre était-il important? Le chef Mangosuthu Buthelezi, dirigeant du parti de la liberté Inkatha basé sur les Zoulous et ministre des affaires intérieures, avait été une épine dans la chair de Mandela. Il était un critique sévère du leadership de Nelson Mandela et une opposition très forte au Congrès national africain, le parti de Mandela. Mandela quittait le pays pour assister au Forum économique mondial de Davos; il a nommé Buthelezi président du pays. Cette décision a ébloui la plupart des observateurs politiques. Est-ce que c'est grave? Nelson Mandela était très sérieux. Il a vu cela comme une occasion de tirer parti de la force de leadership de son adversaire pour apporter la paix à son pays. Le New York Times a écrit dans son édition du 1er février 1997, "Pour sa part, le chef Buthelezi, le dirigeant ardent de l'Inkatha Freedom Party, a déclaré qu'il était rempli d'admiration par le geste du président et qu'il espérait que rien ne se produirait pour montrer qu'il "ne méritait pas une telle confiance".

On a dit que le chef Buthelezi avait à peine dormi pendant les quelques jours de sa présidence, car il ne voulait pas échouer dans la mission qui lui avait été confiée. Cette histoire illustre le mieux le leadership partagé. Donnez à votre critique le plus sévère de l'équipe la possibilité de diriger. Restez à leurs côtés, soutenez-les et laissez-les briller. Le fait de tirer parti des forces d'autrui ne fait que vous faire un meilleur leader pour l'organisation et plus susceptible de profiter des occasions qui s'offrent à vous.

CHAPITRE CINQ

Il s'agit de gens

Les oiseaux chantent non pas parce qu'ils aiment danser, mais parce qu'ils ont des chansons pour que d'autres dansent.

— Proverbe africain

DANS UN BUREAU LUXUEUX, presque de la taille d'un ballon de football, au quinzième étage du bâtiment de l'État à Kuching, Sarawak, j'ai écouté avec le premier ministre du Sarawak, Abang Abdul Rahman Zohari Abang Openg, lorsqu'il a parlé de ses rêves non pas pour lui-même mais pour les gens de son état. Sarawak est un État semi-autonome dans le pays de la Malaisie. Il est connu pour son huile riche et sa faune et flore riche. On sait peu de choses sur son peuple, qui est un exemple clair d'amour pour la paix et de la façon dont les gens peuvent vivre ensemble en harmonie. Le ministre en chef m'a dit qu'il y avait une église catholique de l'autre côté de la rue, à côté d'une mosquée, et que les vendredis, le stationnement de l'église catholique est utilisé par la mosquée, et les dimanches, le stationnement de la mosquée est utilisé par l'église. La population de Sarawak est composée de personnes appartenant à des groupes ethniques variés, à des origines religieuses diverses et à des langues diverses — pourtant elles coexistent pacifiquement. J'ai été fascinée par ma conversation avec le ministre en chef, car il était extrêmement concentré sur la façon dont il pourrait améliorer la vie de son peuple. Il était désireux de promouvoir le tourisme à Kuching afin de créer des emplois pour son peuple, mais plus intéressant encore, il voulait construire une économie qui ne dépendait plus du pétrole mais de l'agriculture. Il a dit que cela ne se produirait peut-être pas de son vivant et que ce n'était peut-être pas la chose politiquement judicieuse à faire, mais c'était la meilleure chose à faire pour son peuple. Il a parlé de l'impact négatif des combustibles fossiles sur le climat, même si l'économie de son État en dépendait largement.

J'avais voyagé pour rencontrer le ministre en chef dans le but d'explorer la possibilité de collaborer à l'organisation d'une conférence internationale sur la paix. J'avais quitté le bureau en comprenant que la plus grande opportunité que nous avons sur la planète Terre est de protéger, préserver et assurer la vie des gens sur la planète Terre. J'ai eu la chance de voyager dans plus d'une centaine de pays à travers la planète. J'ai rencontré des milliers de dirigeants locaux, des maires aux conseillers municipaux. J'ai rencontré des dirigeants nationaux, qu'il s'agisse de législateurs ou de chefs d'État. J'ai rencontré des chefs d'entreprise, allant des concierges aux PDG et aux leaders communautaires, ainsi que des militants aux dirigeants d'associations. Et dans toutes mes interactions, j'ai conclu que nous existons pour une raison : préserver la vie. Depuis l'époque où les premiers hommes parcouraient la nature et vivaient dans des grottes, il s'agit toujours de protéger sa vie et celle de ses proches. Lorsque nous assumons la responsabilité de notre famille, d'un groupe, d'une association, d'une entreprise, d'une collectivité ou d'un pays, notre première responsabilité devient celle de protéger nos gens.

Les gens avec qui nous travaillons et pour qui nous travaillons. Le client que nous servons et le public ou la collectivité dans laquelle nous opérons, puis nos actionnaires ou les membres du conseil d'administration, selon le cas.

La raison pour laquelle ces organisations, qu'il s'agisse de sociétés ou d'associations, existent est généralement de fournir un service qui est pertinent pour les gens. Les leaders émergent dans les organisations pour servir les gens – un aspect fondamental de toute organisation, grande ou petite. Habituellement, cela est compris jusqu'à ce que d'autres intérêts se mettent en travers du chemin. Prenons l'exemple d'un politicien qui est connu de ses amis et de sa famille comme étant une bonne personne, mais qui, en se présentant à la fonction publique, devient redevable aux donateurs dont les intérêts ne sont pas nécessairement ceux des personnes qu'il sert. Ce même scénario affecte les salles de conseil des entreprises, où le PDG met les gens au premier plan et le conseil d'administration place les actionnaires et par conséquent les bénéfices en premier. De même, cela se produit dans les associations et même dans les institutions religieuses où l'intérêt des "conducteurs arrières" prime sur le jugement rationnel pour servir les membres. Pourquoi cela se produit-il?

Éducation ou absence d'éducation. Éducation, informelle ou formelle. La première forme d'éducation vient du foyer ou de la famille dans lequel nous sommes nés, où nos valeurs fondamentales ont été inculquées. En grandissant et en recevant une éducation formelle, nous commençons à développer des valeurs qui nous enseignent généralement comment vivre dans une société civilisée et sont censées se concentrer sur la façon dont nous prenons soin les uns des autres. Cette éducation fondamentale a pour but de définir qui nous sommes. Au fur et à mesure que la vie se déroule et que nous commençons à réaliser les rêves inimaginables de nos premières années, nous semblons rationaliser pourquoi ces valeurs fondamentales n'ont plus d'importance. Nos valeurs sont compromises par notre intérêt et celui des gens qui nous entourent. Nous commençons à voir le mal comme étant le bien et le bien comme étant le mal, ou comme quelqu'un me l'a dit, il y a un mal qui est juste et droit qui est faux — ce qui fait référence à la bombe atomique. Je fais une digression. Comment expliquer qu'une association dont les objectifs secondaires sont Ne veut pas affecter des ressources à l'embauche d'employés ou à la création de nouveaux employés pour offrir des services de qualité à ses membres? Au lieu de cela, face à la diminution des adhésions et à la raréfaction des ressources, ils réduiront plutôt la rémunération des employés, le gel de l'embauche et l'espoir d'une amélioration de la qualité du service. L'espoir n'est pas une stratégie.

En tant que dirigeant d'une organisation, j'ai choisi la voie opposée, celle de l'opposition d'un conseil d'administration tenu non pas aux intérêts de ceux qui les ont élus mais à l'intérêt des têtes invisibles qui leur donnent un clin d'œil pour se présenter et être élu. Contre toute attente, nous avons mobilisé l'organisation pour augmenter les cotisations afin de stimuler les revenus et, après trois ans de lutte, nous avons vu les cotisations augmenter pour la première fois en vingt ans. Nous avons ensuite entrepris de veiller au bien-être des personnes qui devaient fournir le service et d'accroître la capacité des gens en termes de talent et de nombre. Nous avons complètement transformé la structure de l'organisation pour donner plus de pouvoir aux membres de l'équipe, en comprenant la force de chaque personne dans l'équipe et en leur donnant plus d'autorité. En tant que leader, j'ai cessé d'être le centre de l'autorité pour permettre à l'équipe de mener là où elle se trouvait. Une telle vision avant-gardiste, centrée sur les gens est généralement considérée comme radicale et troublante pour ceux qui sont attachés aux anciennes façons de faire et ne peuvent pas élargir leur perspective. Qu'est-ce que cela signifie? Le changement menace les intérêts. Cette décentralisation du pouvoir signifie que l'accès au pouvoir est limité et incontrôlé, même si la décentralisation entraîne une augmentation de la production pour l'organisation. Les gens rationalisent le statu quo même en fonction de leurs propres valeurs fondamentales. Les gens ignorent un résultat positif si ce résultat représente une menace perçue pour leur intérêt.

Pendant la Grande Dépression, J. W. et Alice Marriott, les fondateurs de Marriott International, au lieu de mettre des employés à pied, avaient embauché un médecin pour s'occuper de leur personnel. Rasmus Hougaard, dans un article du magazine Forbes publié le 5 mars 2019 et intitulé "The Power of Putting People First", écrit abondamment sur la philosophie exemplaire centrée sur les personnes de J. W. et Alice Marriott, qui croient que "si nous prenons soin de nos employés, ils prendront soin de nos clients et les clients reviendront." Les fondateurs de Marriott International ont agi contre la sagesse conventionnelle à l'époque et ont investi dans leurs employés en croyant que s'ils prenaient soin de leurs employés et qu'en retour, ils obtenaient une main-d'œuvre fiable et saine et que leurs employés avaient accès à de bons soins médicaux, ils seraient en mesure de fournir le niveau de service qu'ils souhaitaient pour leurs clients. Bien sûr, Marriott International avec sa philosophie centrée sur les personnes a résisté à l'épreuve du temps pour devenir l'une des plus grandes chaînes hôtelières au monde.

Les Marriotts du monde sont peu nombreux, mais leur croissance et leur survie témoignent de la philosophie qui a jeté les bases d'une telle entreprise. Débutant modestement comme une entreprise de root beer à Washington, DC, l'entreprise a prospéré en mettant les gens au centre de ce qu'ils font. Qu'il s'agisse d'une petite ou grande entreprise, d'un particulier ou d'une association, votre existence dépend en grande partie des gens que vous servez et de ceux qui vous servent, tous essentiels à votre survie.

Au fil des ans, j'ai été le mentor de beaucoup de gens qui m'appelaient généralement pour prendre de grandes décisions dans leur vie. J'ai aussi eu une question que je demandais toujours, Pourquoi voulez-vous le faire? Je me souviens d'une bonne amie, Angelica Lam du Panama m'a appelé en 2014 pour exprimer son désir de se présenter à la présidence nationale de son organisation JCI. Être président national était considéré comme prestigieux. Vous gagnez le respect et parfois l'adoration de beaucoup. Vous avez également la possibilité de prendre des décisions qui aideront à développer l'organisation dans le pays. Il s'agissait et continue de représenter une position qui peut faire la différence non seulement pour les membres de l'organisation, mais aussi pour le pays. Le potentiel est énorme. De l'autre côté du téléphone, je pouvais sentir son enthousiasme et son excitation en me faisant cette annonce. "Vous avez été l'une des personnes qui m'ont vraiment inspiré dans cette organisation, et avant de faire mon annonce pour la présidence nationale, je voulais d'abord vous en informer."

Angelica était déjà très active dans sa communauté à Panama. Sa famille était impliquée dans la politique et elle avait joué un rôle très important pour ouvrir les portes de l'organisation à Panama City et dans le pays en général. Elle a participé à l'organisation internationale, en jouant dans les coulisses pour organiser une série d'événements internationaux dans sa ville et en offrant son expertise en traduction et en planification d'événements lors d'événements internationaux. Elle avait déjà l'exposition et l'expérience que n'importe qui avec le narcissisme ordinaire voudrait. Ma question à Angelica était : "Pourquoi voulez-vous être candidat à la présidence?" Avant de répondre, je lui ai dit : "S'il s'agit du titre et des distinctions, alors je n'ai aucun conseil à vous donner, mais si c'est au sujet des jeunes du Panama, nous pouvons parler." Je me suis arrêté, et il y avait silence à l'autre bout. Puis elle a dit : "Merci. Je dois y réfléchir et vous répondre." Angelica n'a jamais été candidate à la présidence de son organisation nationale, mais elle a continué dans sa vie personnelle à accomplir de grandes choses pour les jeunes du Panama, Elle a utilisé les compétences qu'elle a acquises pendant ses années d'activité au sein des organisations internationales et a fait profiter de ses liens incroyables dans la ville pour soutenir l'organisation. En d'autres termes, elle a fait plus sans titre, et ce n'était pas au bénéfice d'une organisation mais au profit du peuple, particulièrement des jeunes du Panama. Elle a avoué quelques années plus tard que la conversation qu'elle avait eue avec moi avait changé sa perspective. Elle allait courir pour ses propres raisons et non pas pour la raison de l'existence de l'organisation, qui était de créer des opportunités qui donneraient du pouvoir aux jeunes de créer un changement positif. Dans le monde entier, au cours de mes dix-sept années de voyages prolongés, j'avais trouvé trop de dirigeants qui prenaient des positions pour les mauvaises raisons. Consumés par notre propre désir de volonté, de maximiser les profits, d'être admirés ou de jouir du statut de célébrité, nous ne réalisons pas toujours que nous sommes appelés à démarrer une entreprise, Faire preuve de notre talent ou diriger une organisation à cause des gens — ceux qui nous servent ou ceux que nous servons. Trop souvent, nous sommes aveuglés par l'essence même de notre existence : notre coexistence mutuelle. Tout est une question de personnes.

Venant d'Afrique, le souci des personnes est enraciné dans le tissu culturel de la plupart des sociétés africaines. Il est encapsulé dans la philosophie désormais bien connue d'Ubuntu, "je suis parce que vous êtes". Sans toi, je ne suis rien. Bien avant les influences coloniales, cette philosophie a guidé la plupart des sociétés à travers le monde. Ce n'est pas seulement africain, car lors de mes voyages à travers le monde — en apprenant sur les tribus d'Amérique du Sud, les Amérindiens, les Coréens et les tribus de l'Asie du Sud-Est —, j'ai constaté que notre sens profond de notre existence dépend des autres. Au cœur de l'esprit humain se trouve notre sens de l'existence parce que d'autres existent.

CHAPITRE SIX

Faites un pas en dehors de vous-même

Il y a plus de sagesse à écouter qu'à parler.

— Proverbe africain

CHAQUE FOIS QUE MON entraîneur-chef officieux, ma mère, Agnes Obenson — m'a appelé pour savoir comment je gérais le stress de la charge de travail, elle disait toujours "Rapide à écouter, pas rapide à parler". Cela était devenu tellement habituel que je finissais la phrase comme elle l'avait commencée. Avec sa consistance, il s'est en fait intériorisé. Ceux qui me connaissent savent que je suis plein d'opinions — de la politique au football et tout ce qui se trouve entre les deux —, mais j'ai appris avec le temps et probablement grâce aux conseils de ma mère à écouter les opinions des autres.

En mars 2011, je me rendais dans une université à la périphérie de Colombo, la capitale du Sri Lanka, et on m'a demandé de parler à des étudiants de "l'impact". J'ai quitté cette expérience après avoir appris beaucoup plus que je n'avais partagé. Je voulais savoir pourquoi les élèves avaient pris le temps de sortir et d'écouter un étrange Africain qu'ils connaissaient et n'avaient rien entendu. Un des étudiants a dit quelque chose de fascinant. Il a dit : "Je me suis réveillé ce matin en me sentant très bien informé, mais pas différent de ce que j'ai ressenti hier et la veille. Cette connaissance ne signifie rien si je la garde à l'intérieur. Ça fait une différence si je le partage. Je rends quelqu'un plus riche, mais surtout, je grandis lorsque j'apprends quelque chose de nouveau de quelqu'un — je deviens plus riche." En écrivant ce livre, je suis reconnaissant envers cet étudiant même si, malheureusement, je n'ai pas son nom. Il m'a rappelé comme ma mère que ce n'est pas en m'écoutant que je grandis. En écoutant les autres, nous grandissons. Nous avons la capacité d'absorber des connaissances qui ne viennent pas de l'intérieur, et à chaque conversation, nous avons la capacité de devenir plus riches en connaissances.

Diriger une organisation internationale est délicat, surtout dans un monde très diversifié; différentes régions du monde avaient des points de vue différents sur tout. Les Européens, qui ne sont pas homogènes, sont très opiniâtres. Les Africains sont un autre groupe très diversifié mais culturellement semblable et gardent généralement leurs opinions pour eux-mêmes jusqu'à ce qu'on leur demande. Les asiatiques ont toujours l'air inexpressif, ont des opinions fortes, mais suivent la ligne de la hiérarchie indépendamment de leurs opinions personnelles. Les Nord-Américains semblent être des savants, ils semblent avoir des réponses à toutes les questions et le lien émotionnel pour construire un consensus (je suis très surpris de l'avoir écrit, conscient de tout ce qui s'est passé sous la direction du président Trump). Et puis les sud-américains sont presque le miroir des africains mais ils sont plus politiques dans la nature. Comment dirigez-vous dans un monde aussi diversifié? Pas simple du tout, mais l'écoute aide. En voyageant en Europe, je savais que je devais écouter. En Afrique, je devais parler pour obtenir des réponses. En Asie, je suis allé voir les anciens et j'ai demandé leur bénédiction. En Amérique du Sud, j'avais besoin d'un traducteur. En Amérique, je devais être inspirant. Habituellement, lorsque je faisais les rondes, j'arrivais toujours avec une meilleure solution, qui ne satisfaisait généralement pas tout le monde mais qui faisait avancer l'organisation. J'ai appris que je devais sortir de moi-même, à moins que cela ne dépasse les limites de mes valeurs et la mission principale de l'organisation. Si je pouvais dormir une nuit, c'était une nuit où j'ai trouvé une solution qui était assez au milieu de la route pour plaire à ceux du milieu et énerver ceux qui sont en marge du spectre des idées.

En tant que membre de la JCI, j'ai rejoint ce qui était connu à l'époque sous le nom d'Institut de formation. Cet institut avait été développé comme un moyen de former des formateurs qui pourraient aller évangéliser l'organisation. Cet institut a connu une croissance extrêmement rapide et a presque consommé l'organisation. Les formateurs peuvent évoluer au fil du temps d'un formateur certifié à un formateur international. Au fil du temps, on a observé que l'organisme devenait un club de formation. L'organisation perdait de sa pertinence dans les collectivités, car de plus en plus d'entreprises investissaient dans le renforcement des capacités. J'étais un entraîneur. J'étais absorbé par le monde imaginaire selon lequel en offrant une formation à des millions de jeunes, nous pourrions faire croître l'organisation et la rendre plus forte — mais la réalité de chaque année passée démontre le contraire. Les jeunes plus sophistiqués, qui étaient la qualité des membres nécessaires pour conduire le moteur économique de l'organisation, ne voyaient pas la valeur de notre formation puisqu'ils pouvaient se permettre d'assister aux sessions des John Maxwell du monde. Nous étions donc en train de construire une organisation des moins talentueux. Il était noble de leur donner les compétences, mais la plupart de ces personnes n'ont pas cherché à devenir membres. Ils sont venus pour le bénéfice d'avoir accès à une expérience d'apprentissage gratuite ou peu coûteuse et ont continué. Avec la diminution des effectifs et la baisse de la qualité, le comité exécutif a décidé que l'organisation devait prendre une voie différente. J'étais de ceux qui avaient une opinion contraire. J'ai soutenu avec force que la formation était pertinente et que nous devrions en faire plus et aider à renforcer les capacités des moins fortunés. Cependant, en juillet 2012, le comité exécutif, composé de personnes des principaux électeurs du monde entier qui examinent les faits, avait une opinion différente. J'ai dû sortir de moi-même et porter les chaussures et la compréhension des autres pour faire un changement complet de perspective. En tant que leader, j'ai changé d'avis, j'ai pris une nouvelle direction et je suis même devenu l'ennemi de ceux qui croyaient que la formation en classe allait changer le monde. Si c'était le cas, alors avec tous les doctorats délivrés à ce jour, il ne devrait pas y avoir de conflits dans le monde. J'ai appris et je soutiens depuis que l'entrepreneur n'est pas celui qui prend cent heures de cours d'entrepreneuriat, mais celui qui prend cent heures pour essayer de résoudre les problèmes sociaux d'une manière financièrement viable.

J'ai appris et conclu que les meilleurs leaders ne sont pas ceux qui ont des heures de cours de leadership du MBA, mais ceux qui commencent comme organisateurs communautaires à trouver des solutions aux défis communautaires.

En 2006, je me suis rendu en Afrique du Sud dans le cadre de notre travail visant à bâtir une organisation représentative des peuples autochtones. L'apartheid avait pris fin en Afrique du Sud, mais la gueule de bois existé. L'organisation de la JCI en Afrique du Sud avait été une des plus florissantes d'Afrique mais, depuis l'effondrement du régime d'apartheid, elle a commencé à se battre car c'était une organisation essentiellement blanche. Compte tenu de la transformation du pays en une "nation arc-en-ciel", il était impératif que l'organisation reflète la diversité du pays. En 2004, l'organisation a été suspendue après des années d'échec à se transformer et j'ai commencé à travailler pour reconstruire une nouvelle organisation nationale. J'ai rencontré une femme très dynamique, Tjibo Mathobi, qui avait de bonnes relations et a aidé à mobiliser une population autochtone pour relancer une JCI en Afrique du Sud qui était vraiment représentative de la diversité du pays. . . ou du moins c'était l'espoir. Eh bien, lors de ma visite en 2006, j'ai trouvé une organisation qui était passée d'un spectre très "blanc" à un spectre très noir. Ce n'était pas non plus le pays. Me voici, un homme noir qui voulait voir les Africains noirs prospérer, mais la réussite d'une organisation noire n'était pas ma mission. Je voulais une organisation qui représente vraiment la diversité de l'Afrique du Sud. En engageant les dirigeants de l'organisation, j'ai constaté qu'ils avaient tous grandi à l'ère de l'apartheid et que, pour eux, même imprégnés des valeurs de l'organisation ne pouvaient pas être assez objectifs pour avoir une organisation qui incluait d'autres races. Je me souviens avoir planifié une conférence en 2007 et m'être disputé avec le président national à l'époque pour avoir insisté pour qu'un jeune homme blanc juif, qui était président local, prenne la parole lors de la cérémonie d'ouverture de la conférence sur l'Afrique et le Moyen-Orient. Ces dirigeants n'avaient pas la capacité de sortir d'eux-mêmes et de voir le tableau d'ensemble. J'ai alors réalisé que nous avions raté la plus grande occasion, celle de bâtir une organisation véritablement inclusive. Que pendant les années d'oppression avec lesquelles ces jeunes gens avaient grandi ou qu'ils avaient vu, ils ne pouvaient pas se permettre d'être ouvertement ouverts à ceux qui les opprimaient et de bénéficier de l'organisation même qui était censée leur enseigner la tolérance envers les autres.

Sortir de soi-même, c'est se détacher d'une notion profondément enracinée. Nous ne devons jamais supposer que nous avons toujours raison, car ce qui est bon à un moment donné peut ne pas l'être à un autre. L'histoire du monde est embourbée dans cette notion, de l'esclavage au suffrage des femmes, à l'égalité l'écart salarial entre les sexes, la sécurité sociale et le congé de maternité. Au fil du temps, ces notions sont considérées comme la norme, mais elles ne changent que lorsque les gens ont la capacité d'ouvrir leurs moyens à de nouvelles perspectives — des perspectives qui s'offrent à eux. Il y a un dicton qui dit que personne n'a jamais prospéré dans le passé. La prospérité est à venir.

CHAPITRE SEPT

La douleur du changement

Quelle que soit la durée de la nuit, l'aube se lèvera.

— Proverbe africain

BLACK DEVIL est le nom que j'ai acquis parmi les Chinois parlant cantonais à Hong Kong alors que je tentais de construire une organisation qui était plus pertinente pour le monde que pour l'ego de quelques conducteurs hors-contact. J'avais appris très tôt dans ma vie, par un bon ami, Thomas J. Clear III, à sourire face à l'adversité. Je savais que le changement n'est pas facile. Si c'est le cas, le changement se fera sans difficultés

L'histoire du monde est parsemée d'histoires héroïques de transformation. Les rues des villes et des pays sont souillées du sang des changeurs, et les couloirs des gouvernements souillés de la sueur des militants qui réclament quotidiennement un monde meilleur. Il en va de même — des salles de réunion aux usines, des stades de football aux studios de production —, ce sont des individus qui défendent non seulement leurs convictions mais aussi leurs droits, qui plaident pour des lois justes, qui appellent à agir sur le climat, Défendre l'égalité et promouvoir les possibilités économiques pour tous. Le changement est difficile. Cela a un coût, et les gens qui se battent pour le changement finissent par en avoir des cicatrices — oui, mais le triomphe du changement est le plus gratifiant.

À l'été 2012, en tant que Secrétaire général adjoint, j'ai dirigé un événement de la JCI à Hong Kong. Lors de ces événements, il y avait habituellement une cérémonie de remise des prix. Au cours de cette cérémonie, les gagnants d'une participation en ligne jugée par leurs pairs ont été annoncés. En tant que sous-secrétaire Général, je recevrais les résultats habituellement la veille de la cérémonie. Je le tenais généralement serré contre ma poitrine et ne voulais même jamais regarder les résultats afin de ne pas être en position de publier les résultats à l'avance. Il y avait eu des rumeurs selon lesquelles en Asie, les résultats étaient 'fixes.' Il était donc de ma mission de veiller à ce que ces résultats soient aussi transparents et crédibles que possible. La veille des résultats, mon collègue est venu dire qu'un des anciens membres influents de Hong Kong voulait voir les résultats avant qu'ils ne soient publiés. Ma réponse était que nous devions protéger l'intégrité des prix si nous voulions que les prix aient un sens, de sorte que nous ne partagions pas les résultats avant la cérémonie. À ma grande consternation, j'ai été convoqué à une réunion avec le président de la conférence, Batbayar Ulziidelgar; deux autres membres influents de mon organisation à Hong Kong et un cher collègue qui était sur le siège pour produire les résultats. J'ai dit poliment : "Si c'est ainsi que les choses se sont passées dans le passé, il est temps de changer. Les résultats seront annoncés ce soir et nous le saurons tous." Inutile de dire que j'avais semé les graines la haine et le titre de Black Devil (Hēi mówáng—黑魔王).

Pendant presque dix-sept ans, j'ai passé beaucoup de temps à voyager en Asie et particulièrement au Japon. J'aime le Japon. J'aime l'esprit sur lequel ce pays est construit. J'apprécie et traite avec respect la culture japonaise, et j'aimerais qu'un plus grand nombre de personnes puissent y être exposées. La société japonaise est très riche en culture. Et ce qui me surprend, c'est que le Japon est un pays très avancé en technologie et en même temps une société très traditionnelle. Ils ont bâti une société démocratique qui est fondée sur leur culture traditionnelle. Ils ont tissé le progrès technologique dans le tissu d'une société traditionnelle vieille de trois mille ans. Ça me fascine. J'ai trouvé de grandes amitiés au Japon, et je garderai aussi avec moi les souvenirs de mes plus de trente visites dans ce pays.

Ma première visite au Japon a eu lieu en novembre 2004, dans la ville côtière de Fukuoka. J'ai passé près de deux semaines à perfectionner mes compétences en mangeant du poisson cru — pêché littéralement dans un étang sous le et tranché alors qu'il était encore en vie. Je suppose que cela a renforcé notre lien avec la nature, mais survivre à ces jours au Japon m'a permis de découvrir une culture incroyable profondément enracinée dans notre connexion avec la nature. J'ai aussi trouvé une culture qui, même avancée, était encore très fermée au reste du monde. Je me souviens d'être sorti tôt le matin pour faire un jogging dans la ville, et à la troisième matinée, je pouvais voir les gens qui regardaient par leurs fenêtres pour me voir courir. J'ai découvert qu'il était assez rare de voir une personne noire à Fukuoka, et voici un homme qui faisait du jogging dans leurs rues. Ils étaient extrêmement gracieux et courtois. . . ou du moins c'est ce que je ressentais. "Ohayō gozai masu!" Ils hurlaient alors que je passais devant les acheteurs du marché aux poissons tôt le matin. J'ai aussi découvert que la culture japonaise était très dominée par les hommes. Même si les jeunes étaient de plus en plus sophistiqués et exposés aux cultures occidentales, ils continuaient à ne pas respecter la société traditionnelle séculaire dans laquelle les femmes gardaient le foyer et les hommes s'occupaient des affaires. Cela n'était pas très différent des traditions africaines. L'homme était le soutien de famille et le protecteur de la famille. La femme s'est assurée que la maison était chaude et les enfants en bonne santé. Cette tradition existe encore dans la plupart des pays d'Afrique, mais elle a été considérablement érodée par l'influence de la culture occidentale, contrairement au Japon. Comme je me suis ensuite rendu au Japon en 2008 et puis chaque année après cela pendant onze ans, parfois quatre fois par an, j'ai pu voir le changement se produire, mais il l'a fait d'une manière douloureusement lente.

En 2008, lorsque je suis devenu directeur général de la croissance, je me suis demandé où se trouvaient les possibilités de croissance au sein de l'organisation. Le Japon était le principal marché ou organisation nationale et comptait quarante mille membres. Pour certains, c'était suffisant. Pour moi, j'ai vu le potentiel de quatre-vingt mille. Pourquoi ? Quatre-vingt-dix-sept pour cent des membres de l'organisation étaient des hommes et seulement trois pour cent des femmes. Je pourrais parier qu'il y avait de jeunes femmes japonaises qui aspiraient à appartenir à des réseaux comme JCI et d'autres. Si nous pouvions ouvrir l'organisation aux femmes, nous pourrions facilement augmenter notre nombre de membres. Comment ai-je pu me tromper ? Il y a eu une énorme résistance. Elle était même considérée par certains comme une offense aux Japonais. J'ai appris une clé Leçon que je partage avec quiconque essaie de faire des affaires au Japon. Une bonne idée n'est pas celle qui est annoncée sur scène, mais celle qui reçoit la bénédiction des principaux intervenants et est nourrie et adoptée par les parties. Une fois qu'une idée est adoptée, vous obtenez un engagement indéfectible et le succès est presque toujours garanti. Vous devez toutefois passer par le processus laborieux de la construction du consensus.

Essayer de faire croître l'effectif a provoqué des réactions, mais changer la conversation pour parler de la participation des femmes et plus tard de l'égalité des sexes a changé la dynamique. Après que nos tentatives pour obtenir l'augmentation des femmes membres de la JCI Japon ont échoué, nous avons eu recours à une pression pour plus de femmes à occuper des postes de direction. En novembre 2015, lors d'un congrès à Kanazawa, alors que les Nations Unies avaient adopté les objectifs de développement durable (ODD), la JCI a également adopté ces objectifs. Bien sûr, l'un des objectifs généraux était l'égalité et, en particulier, l'objectif 5 : "Atteindre l'égalité des sexes et donner le pouvoir à toutes les femmes et filles." C'était ça ! Il a fallu des années pour y parvenir. En 2017, la plus ancienne et deuxième plus grande organisation locale de JCI Japon a élu sa première présidente au nom de Mami Hatano, et le changement était en route. En 2019, sous la direction du président de JCI Japon, Takeaki Kamada, JCI Japon a signé un protocole d'entente avec le gouvernement du Japon pour promouvoir les ODD, mais plus particulièrement l'objectif 5 de l'ODD : "Atteindre l'égalité des sexes et autonomiser toutes les femmes et les filles".

En février 2019, j'ai été invité au Japon pour sa conférence annuelle de Kanazawa qui a fait la promotion des ODD et modéré une discussion sur l'égalité des sexes. Les femmes parlaient toutes de leur rôle de leadership dans les affaires et la société. Ce fut un moment très émouvant pour moi. Le changement était arrivé; il était attendu depuis longtemps. C'était péniblement lent, mais c'était ici. Est-ce que je pense que la société japonaise va changer du jour au lendemain ? Absolument pas. Mais les graines du changement ont été semées et il viendra.

Le changement se produira toujours parce que la société change, et les organisations, les entreprises et les pays doivent changer, ou le temps les laissera derrière. Les leaders, les dirigeants visionnaires, doivent être capables d'anticiper le changement et de planifier en conséquence. Il y aura toujours une résistance au changement. L'histoire du monde est pleine de telles histoires, mais au-delà des titres de personnes qui ont changé le monde sont des soldats de pied qui se battent tous les jours pour apporter de petits changements dans la société qui finissent par conduire à un plus grand changement. Par exemple, Vanessa Nakate est une activiste climatique ougandaise qui a été mise en avant parce qu'elle a été coupée d'une photo d'un panel auquel elle participait avec quatre activistes blancs, et pourtant elle dirigeait des manifestations contre le changement climatique en Ouganda depuis des années, Il y a aussi des exemples comme "les frais doivent tomber". Des militants qui ont offert une éducation universitaire gratuite aux étudiants d'Afrique du Sud. Il faut du temps pour que le changement se produise.

Le changement est influencé par les circonstances. Dans le cas du Japon, la population vieillit et il y a un besoin croissant de main-d'œuvre jeune, ce qui ne peut être réalisé que par une augmentation significative de la population. Cela ne se produira évidemment pas, donc la main-d'œuvre doit être importée, formée et déployée. Cela ne se produira pas rapidement et sera très coûteux. Puis vient la pensée "eureka" - les femmes. Ils représentent la moitié de la population et restent surtout à la maison. Investir dans le traitement des femmes comme égales leur permet de sortir du foyer pour occuper des postes professionnels et devenir des personnes influentes. Tout cela était logique, mais il a fallu des années pour qu'ils parviennent à un consensus sur la nécessité de cette mesure.

Plus tôt dans ce livre, j'ai détaillé comment nous avons pris une organisation qui avait été autour depuis cent ans mais était peu connue et à peine pertinente sur la scène mondiale et lui a donné un lifting avec une nouvelle mission, vision et positionnement stratégique qui en ont fait un acteur sur la scène mondiale. Tout ce que nous avons fait visait à bâtir une organisation résiliente et vers laquelle le monde pourrait se tourner en temps de crise, comme la pandémie du coronavirus. Nous faisions non seulement ce qui était juste, mais aussi ce qui nous a été demandé après un processus de planification stratégique exhaustif. Mais le changement peut être intimidant. Les gens craignent le changement s'ils

Ils perçoivent une menace pour leurs intérêts. Un tel intérêt n'est généralement pas l'intérêt de l'organisation ou de l'entreprise, ni même du pays. Une telle menace est généralement dirigée contre l'ego, les intérêts financiers, le jeu de pouvoir et, dans certains cas, des croyances raciales, religieuses et tribales profondément enracinées. Cet intérêt est habituellement déguisé en ce qui semble noble.

L'histoire nous dit que les États-Unis, malgré les nobles valeurs énoncées par ses fondateurs, sont un pays qui est entré en guerre contre l'esclavage. Pensez aux États-Unis déchirés entre le Nord et le Sud parce que les gens qui avaient fui la persécution et combattu pour leur propre indépendance contre les Britanniques étaient en guerre parce qu'une partie du pays voulait continuer à subjuguer et à voler des êtres humains semblables leur dignité. Imaginez combien de vies et de ressources ont été gaspillées dans la lutte pour l'indépendance qui reposait sur une prémisse non durable de déshumanisation. Cela fait plus de deux cents ans, et les États-Unis souffrent encore de la gueule de bois de ce passé horrible.

Nelson Mandela a consacré vingt-sept ans de sa vie à son engagement profond en faveur de la justice et de l'égalité. C'était une cause qui valait la peine d'être défendue. Des centaines de milliers de Sud-Africains ont perdu la vie dans la lutte pour la liberté. Ils demandaient quelque chose de simple, à savoir qu'on les reconnaisse comme des êtres humains. Il a fallu près de quatre-vingts ans de lutte pour gagner la liberté à un prix élevé.

Le changement coûte cher parce que les gens résistent au changement. Mon expérience du Japon m'a aidé à comprendre pourquoi les gens résistent au changement. Cette expérience était unique parce que je pouvais voir ce qui se passait au sein de l'organisation en juxtaposition avec ce qui se passait dans la société. Il y a plusieurs raisons pour lesquelles les gens résistent au changement :

• *Information ou désinformation.* Les gens résistent au changement, soit par manque d'information, soit par désinformation. Prenons l'utilisation des vaccins pour enfants, par exemple. Quelle que soit votre position, les vaccins pour enfants ont été bénéfiques à 85 % à 95 % aux bénéficiaires. Cette information est facilement Il existe des vaccins, et l'histoire médicale est pleine de louanges à leur sujet, mais cela ne semble pas suffisant pour convaincre les sceptiques de leurs bienfaits.

• *Peur de l'inconnu.* En tant qu'êtres humains, nous craignons ce que nous ne savons pas. Prenons l'exemple d'Internet. Beaucoup d'entre vous sont peut-être trop jeunes pour imaginer un monde sans internet, mais il y avait un monde sans internet. J'ai commencé à travailler avec les plateaux d'entrée et de sortie où les lettres sont arrivées soit par la poste, soit par quelque chose appelé le fax. En 2002, mon organisation a décidé de passer au papier, ou du moins c'était l'objectif. Avec des employés qui étaient là depuis des décennies, il était vraiment difficile pour eux d'imaginer un environnement de travail qui allait numérique. En mars 2002, l'organisation a déménagé de Miami à Saint Louis, aux États-Unis, perdant 90 pour cent de ses employés, et la nouvelle équipe composée principalement de jeunes a pu mettre en œuvre le changement vers une organisation sans papier, Un changement qui, quinze ans plus tard, se produisait encore.

• *Menace perçue.* Les personnes en position de pouvoir, ou qui profitent du statu quo, sont généralement résistantes au changement. Avant l'arrivée d'Internet, mon organisation organisait un programme de bourses avec des projets soumis manuellement. Ces prix ont été jugés par douze à quinze juges qui ont été enfermés dans une pièce pendant deux jours. Ces personnes étaient séparées et passaient la plupart de leur conférence ou congrès à lire des albums et à se disputer pour savoir quels prix étaient meilleurs. On a toutefois observé qu'une tendance s'est dessinée : ceux qui ont pu rassembler le plus beau album de photos ont fini par gagner, même si le contenu de leur projet n'était pas plein d'impact. Par conséquent, lorsque nous avons présenté les candidatures en ligne pour les prix dans le but d'égaliser les chances, il y a eu beaucoup de résistance de la part de ceux qui pensaient perdre leur position dominante dans les prix. Eh bien, ce n'était qu'une question de temps avant que ces pays, typiquement les pays d'Asie, ont compris qu'ils pouvaient également soumettre des candidatures en ligne. La menace était perçue et non réelle.

• *Biais.* Parfois, les gens ignorent le message en raison de préjugés profondément enracinés contre le messager. Une fois que j'ai pris un siège à la JCI Foundation, avec des fonctions fiduciaires en tant que secrétaire, je me suis rendu compte que pendant quinze ans, le capital de la dotation avait augmenté de près de 400 000 $ (dollars américains), et pourtant l'intérêt généré pour l'organisation était resté le même. Quiconque comprend ce que signifie l'obligation fiduciaire comprend qu'en tant que membre du conseil d'administration, il doit agir dans le meilleur intérêt du fonds. Il était donc malvenu d'avoir une dotation qui n'accomplissait pas l'objectif pour lequel elle avait été établie, soit générer des revenus pour soutenir l'organisation. J'ai donc consulté des experts et élaboré un plan pour faire croître le fonds de manière à ce qu'il demeure encore conservateur à 80 p. 100 et agressif à 20 p. 100. Idée brillante? Faux! Ça venait d'un Noir africain, pas fiable. Le conseil de fondation a demandé du temps pour l'examiner. Trois ans plus tard, j'ai mis le même plan dans les mains d'un homme blanc aux cheveux gris et il s'est vendu comme de la crème glacée en un jour d'été brûlant. La résistance au changement était fondée sur des préjugés profondément enracinés. Sans faute de leur part, ils ne pouvaient pas voir au-delà du messager.

En comprenant qu'il y aura forcément une résistance au changement, il faut être prêt à supporter la douleur qui accompagne le changement. Qu'il s'agisse de changer les processus numériques, de modifier un modèle d'affaires ou de lutter pour la justice, il y aura une résistance. Cette résistance doit être prise en compte dans notre capacité à maintenir le cap et à garder les yeux sur le résultat attendu. Comme on dit en Afrique, "peu importe la durée de la nuit, l'aube va se lever." Le changement viendra.

CHAPITRE HUIT

Le chaos du succès

Après vous être lavé les mains, vous pouvez manger avec les anciens.

— Proverbe africain

DE TOUS LES rêves que nous nourrissons et de tous les plans que nous faisons, le succès vient comme un voleur dans la nuit. Vous avez dû entendre le dicton "Rien ne va comme prévu". Le plan ne permet pas d'atteindre le succès. Les investisseurs, les banques, le conseil d'administration ou même un électorat exigeront des plans détaillés qui démontrent leur succès, et il est logique de le faire, mais en réalité, une fois exécutés, les résultats sont généralement très différents. Le succès dépend en grande partie d'une variété de circonstances, dont la plupart ont été abordées plus tôt dans ce livre. Mais le monde dans lequel nous vivons est chaotique. Le monde change rapidement. Ce qui était obtenu il y a trois ans n'est pas obtenu aujourd'hui. En fait, ce qui a été obtenu l'an dernier n'est pas cette année. Qui aurait cru que le héros de l'année 2020 serait "la conférence en ligne", mais la pandémie est arrivée et notre mode de vie a changé d'une manière que nous n'aurions jamais pu imaginer. Eh bien, peut-être que la science-fiction l'a fait. Ceux qui réussissent, selon les mots de Jim Collins, ne prospèrent pas dans le chaos. Mais ils peuvent prospérer dans le chaos."

Coca-Cola Company, société américaine fondée en 1892 et aujourd'hui principalement engagée dans la fabrication et la vente de sirop et de concentré pour Coca-Cola, une boisson gazeuse sucrée qui est une institution culturelle aux États-Unis et un symbole mondial des goûts américains. La société produit et vend également d'autres boissons gazeuses et agrumes. Avec plus de 2800 produits disponibles dans plus de 200 pays, Coca-Cola est le plus grand fabricant et distributeur de boissons dans le monde et l'une des plus grandes sociétés aux États-Unis. Le siège social est à Atlanta, en Géorgie. (Extrait de l'encyclopédie Britannica)

John Pemberton, pharmacien d'Atlanta qui a fondé l'entreprise, n'aurait pas pu imaginer lire cela dans ses rêves les plus fous. Il avait entrepris de créer un tonique pour les maux les plus courants à l'époque pour être vendu dans les pharmacies locales. Un an plus tard, avec succès, il a vendu des portions de l'entreprise sous le nom de Griggs Candler, qui a enregistré la marque Coca-Cola et a fait croître l'entreprise de façon phénoménale, et le reste est ce que nous voyons aujourd'hui. Le Dr. John Pemberton était-il le seul créateur d'un tonique magique censé guérir tous les maux? En fait, dans les années 1890 et au début des années 1900, toutes sortes de portions étaient vendues comme des médicaments miracles, que ce soit Stanley King et ses huiles de serpent ou les gouttes de cocaïne vendues pour des maux de dents par la Lloyds Manufacturing Company et plusieurs autres toniques qui ont mené à des centaines de milliers de toxicomanes aux États-Unis au début des années 1900, ou même Bayer Pharmaceuticals ... héroïne-Aspirine lactée commercialisée pour les enfants présentant des symptômes de toux et de rhume. Ce fut une période tumultueuse dans le monde, pas différente de celle de la pandémie du COVID-19 où les gens cherchaient des solutions aux problèmes endémiques et se tournaient vers ces toniques. Parmi les nombreuses variétés de coca, le coca-cola, qui était à l'origine une combinaison d'extraits de la feuille de coca et des noix de kola, a prospéré dans ce chaos pour devenir une boisson à la réputation mondiale. Aujourd'hui, il n'est même pas considéré comme une boisson qui guérit les maux du corps. Si quelque chose, t est mal vu dans certains quartiers pour avoir fait des dommages au corps. Le succès de la Coca-Cola Company était chaotique parce qu'il n'aurait pas pu être imaginé. La société a prospéré dans ce chaos et continue de prospérer parce qu'elle a su se réinventer pour s'adapter au contexte d'un monde en évolution rapide.

Grandissant au Cameroun, l'un des hommes les plus riches du pays s'appelait Victor Fotso. On a dit qu'il avait commencé comme vendeur ambulant vendant des cacahuètes. Les gens se sont toujours demandé comment il aurait pu passer de la rue à être le premier milliardaire du pays, posséder des propriétés de première qualité dans tout le pays, fabriquer plusieurs La création d'une banque indépendante, qui est le premier établissement bancaire indépendant du pays. Était-il le seul vendeur ambulant ? Pourquoi les autres vendeurs ambulants n'ont-ils pas atteint le même niveau d'opulence que Victor Fotso? Qu'est-ce qui l'a fait émerger ? Eh bien, pour commencer, il n'était pas vrai qu'il avait commencé par vendre des cacahuètes. Dans son livre Le chemin de Hiala ("La route vers Hiala"), il raconte qu'il a abandonné l'école à l'âge de quinze ans pour travailler sur des exploitations agricoles où il cultivait des cultures commerciales comme le café et le cacao. Il ouvre plus tard des succursales de magasins dans le transport, mais sa fortune tourne quand il rencontre et forme un partenariat avec un homme d'affaires français Pierre Castel, et investit dans l'importation de vins et spiritueux. Fotso continue à prospérer et, grâce à sa relation avec un autre Français, Jacque Lacombe, il ouvre une usine pour produire des allumettes. J'espère maintenant que vous, en tant que lecteur, vous demandez d'abord où se trouve le Cameroun et, deuxièmement, qui est Victor Fotso et pourquoi je vous écris à son sujet.

L'histoire de Victor Fotso ne diffère pas de celle du Dr John Pemberton, de la Coca-Cola Company, et de bien d'autres personnes dans le monde qui ont commencé avec un objectif : réaliser une chose ; et le chaos de la réussite les a menés sur une voie qui dépasse leur imagination. Leur succès ne suit aucune logique de processus. Tout commence par un processus de réflexion visant à résoudre un problème social ou à répondre à un besoin au sein de la collectivité, et parce qu'ils ont réuni une série de facteurs, les circonstances les mènent sur le chemin d'un énorme succès. Alors que nous nous attendons normalement à ce que le succès suive un certain processus ou modèle logique, en réalité, le succès découle d'un processus illogique qui est chaotique au mieux.

En décembre 2018, mon organisation, en partenariat avec Africa 80, le Parlement africain et Global Citizen, a organisé avec succès un sommet sur le développement de la jeunesse africaine en marge du festival citoyen mondial Mandela 100. Le festival a été organisé par Global Citizen, une organisation dont la mission est assez audacieuse et impressionnante, pour créer un mouvement de cent millions de citoyens du monde qui prennent des mesures concrètes afin d'aider à réaliser notre vision visant à mettre fin à l'extrême pauvreté d'ici 2030. Le festival était le premier du genre Cette manifestation, organisée sur le sol africain à Johannesburg, est consacrée à honorer la mémoire et les œuvres du président Nelson Mandela pour l'Afrique du Sud.

Michael Sheldrick, chef des politiques et des affaires gouvernementales, m'a approché pour demander aux jeunes de participer au mouvement et au festival afin de célébrer la vie du président Nelson Mandela. Global Citizen a construit un mouvement à partir d'un modèle très intéressant. Les gens s'engagent dans une forme de plaidoyer et, à chaque action entreprise, un individu acquiert des points sur leurs plateformes de médias sociaux. Ces points sont ensuite convertis en billets pour des concerts dans le monde entier.

Face à l'occasion, mon équipe et moi avons mis nos casquettes de réflexion. Notre objectif était de nous concentrer non seulement sur l'organisation mais aussi sur la façon dont cette opportunité pourrait être offerte au plus grand nombre possible de jeunes Africains. Nous avons d'abord mis l'accent sur ce que nous savions faire bien, soit donner aux jeunes les moyens de créer des changements positifs. Cela signifie que nous n'allons pas nous concentrer sur les membres de notre organisation, mais sur les jeunes en général. Nous élargissions le bassin aux activistes de toute l'Afrique. Cela a permis d'accomplir deux choses : donner à l'organisation une visibilité auprès de milliers de jeunes et, deuxièmement, recruter des jeunes pour se joindre à l'organisation. Deuxièmement, nous avons tiré parti du pouvoir de la collaboration en faisant appel à d'autres organisations de jeunes à travers le continent pour qu'elles s'associent avec nous dans cette entreprise. Cela nous a menés à Africa 80, un groupe de jeunes Africains qui façonnent le monde, principalement des entrepreneurs et des militants qui ont écrit un livre intitulé Africa 80: Transformation par la collaboration. Grâce à la collaboration avec Africa 80, nous avons été reliés au Parlement africain qui est devenu notre principal sponsor. En travaillant ensemble, nous avons élaboré un programme très intéressant. Nous avons développé un programme ciblant les jeunes entrepreneurs africains qui avaient démarré une entreprise et/ou un activiste de moins de trente-cinq ans. Dans les deux cas, ils devaient connaître les objectifs de développement durable (ODD) et aborder certains des objectifs dans le cadre de leur modèle d'affaires ou des activités au sein de leurs collectivités. Nous avons lancé un appel aux participants et, en trois jours, nous avons reçu plus de 700 participants, mais nous avions une capacité de 150 personnes. Le chaos s'ensuit! Comment choisissons-nous 150 sur 700? Comment pouvons-nous nous assurer que le processus est équitable? Comment assurer l'équilibre entre les sexes? Comment faire en sorte que chaque pays ait une chance? Qu'en est-il de la qualité des participants? Ce sont des problèmes que nous n'avons jamais envisagés. Nous pensions que ce serait difficile d'avoir des participants venus de tout le continent africain qui payeraient pour leurs déplacements et leur hébergement. Outre la quête de connaissances qui allait être acquise à partir de l'atelier, le seul grand incitatif était le billet pour le festival. Nous avons offert le billet pour le concert comme récompense pour avoir terminé deux jours complets de l'atelier. Ce sont de bons défis à relever; même lorsque j'ai parlé de notre succès aux citoyens du monde — la raison de cette occasion —, il était difficile de croire que nous avions réussi en moins de deux mois.

Le Sommet africain pour le développement de la jeunesse devait être un événement parallèle au Festival mondial des citoyens. Il était inscrit au programme général, mais c'est vraiment une autre façon de faire agir les militants africains de tout le continent. Avec la liste réduite à deux cents, l'événement est devenu l'attraction secondaire. L'UNICEF est venu s'associer à nous. Un journaliste du National Geographic qui enregistrait une série intitulée "Activate" est venu enregistrer le sommet comme exemple de la façon dont le mouvement Global Citizen a été construit. Puis il y avait la Secrétaire générale adjointe des Nations Unies, Amina Mohammed, qui a entendu parler du programme et a dit qu'elle devait y assister, et ensuite il y avait le plus grand prix de célébrité d'Afrique du Sud. Bonang Matheba, présentateur de radio et icône du style, puis Gayle King, coanimatrice de CBS This Morning, et le révérend

Al Sharpton. À un moment donné, on a dit qu'Oprah Winfrey allait assister. Le succès est chaotique. Nous avions une mentalité positive, nous nous sommes concentrés sur l'occasion ; nous avons été naïvement audacieusement assemblés et nous avons partagé le leadership avec d'autres organisations partenaires. Ces facteurs nous ont amenés à accueillir un sommet africain sur le développement de la jeunesse qui a connu un grand succès. Nous avons constitué une armée de jeunes à travers le continent africain qui se sont engagés à mobiliser cinquante mille jeunes pour rejoindre un mouvement I Am Africa qui conduira à la construction d'une Afrique que nous voulons. Ces jeunes ont tous rejoint le Mouvement citoyen mondial et ont contribué à faire valoir les engagements de plus de sept milliards de dollars des gouvernements africains pour mettre fin à l'extrême pauvreté. Les participants ont également été exposés à la JCI, et plus de soixante-quinze sont devenus membres de la JCI dans leurs différents pays.

Ce script n'aurait pas pu être écrit, et le succès est donc là. En se concentrant sur ce qui est possible et en prenant les bonnes mesures avec le bon état d'esprit, on peut atteindre des objectifs bien au-delà de l'imagination. Tout moment de doute peut changer la trajectoire. Concentrer son énergie sur les défis pourrait également annuler le résultat. En racontant cette histoire, je n'ai jamais mentionné que nous n'avions pas de financement, que nous ne pouvions pas trouver d'hôtels parce qu'ils avaient tous été réservés et que nous n'avions que deux mois pour préparer cet événement. Oh, est-ce que je l'ai mentionné. . . même le président de mon organisation n'avait absolument aucun intérêt à cet événement et a été choqué de voir que cela s'est produit? Eh bien, c'est typique quand quelque chose se passe en Afrique; l'hypothèse est la pire. Je peux affirmer qu'en dix-sept ans de planification et d'exécution des événements dans le monde, aucun n'a été aussi magique que celui-ci.

Cet événement parallèle a également pris les caractéristiques de l'événement principal. Le Global Citizen Festival, diffusé à la télévision dans le monde entier en tant que comédie musicale, a connu un succès retentissant et était également très chaotique. Le 3 décembre 2018, Neha Shah a écrit un article dans le blog Global Citizen intitulé "Les citoyens du monde aident à réaliser la vision de Mandela d'éliminer l'extrême pauvreté en prenant 5,6 millions d'actions". Ce fut un exploit incroyable.

Lorsqu'ils ont commencé à planifier cet événement en Afrique du Sud, ils n'imaginaient pas qu'il attirerait autant d'attention. Global Citizen a toutefois trouvé le bon partenaire d'accueil et de présentation dans la Motsepe Foundation, et ensemble ils ont mis à disposition les bons acteurs. Depuis plus de dix ans, je m'occupe du Global Citizen et la plupart des gens qui connaissent cette organisation connaissent probablement le côté glamour de l'organisation. Il est facile de voir les projecteurs, et pourtant c'est une organisation qui se construit depuis de nombreuses années. Peu de gens se rendent compte que ses fondateurs sont du bas-dessous, L'Australie, et avec une vision claire et un état d'esprit positif ont trouvé un moyen de rendre la lutte contre la pauvreté extrême si cool que les célébrités du monde entier veulent être associées à cette organisation. Au cours de mes années de collaboration, j'ai constaté qu'ils ont une incroyable capacité à comprendre que le succès est chaotique et par conséquent ne sont pas intimidés par elle. Ils ont compris qu'ils ne réussissent que dans la mesure où leur imagination peut être élancée. Ils semblent comprendre qu'ils ne peuvent rien accomplir seuls. Ils ont développé une culture unique de collaborations, notamment avec les plus branchés et célèbres.

Le succès est comme rouler un rocher du haut vers le bas d'une colline. Une fois qu'on a l'énergie et la technique pour libérer le rocher du sommet de la colline, il gagne en puissance en roulant vers le bas, emportant avec lui tous les autres objets qui peuvent se trouver sur son chemin. Parfois, il faut prendre des décisions très rapides en descente. De la même manière, on assemble les bons facteurs et on a une idée ou un projet qui décolle. Ces idées ne prospèrent que par suite des circonstances qui se présentent et des décisions que l'on prend. J'ai inventé ceci dans mon esprit comme l'effet de bloc. Le succès du chaos est comme l'effet de bloc. En Afrique, on dit qu'une fois que vous avez lavé vos mains, vous pouvez manger avec les aînés. Pour réussir, il y a un certain chaos que vous devez accepter dans le cadre des propositions commerciales. Les choses ne vont pas toujours se dérouler comme vous le souhaitez ou suivre les étapes logiques de vos projections, mais la persévérance, la cohérence, l'état d'esprit, l'équipe et surtout, les décisions rapides que vous prenez vous aident à vous adapter à ce chaos.

CHAPITRE NEUF

Combler le fossé des opportunités

Si l'occasion ne frappe pas, construisez une porte.

— Proverbe africain

LE MOT OPPORTUNITÉ selon Wikipedia a été utilisé pour désigner deux circonstances dans les affaires et dans politique.

- dans les affaires, une occasion de marché qu'une entreprise ou un particulier ne saisit pas

- en politique, un euphémisme pour le manque d'égalité des chances

Ce livre se concentre sur le premier, même si certains aspects du second seront abordés dans ce chapitre. Les entreprises sont ici des particuliers, des grandes et petites sociétés, des associations, des petites et grandes, et des projets. Les critères peuvent être testés par rapport aux idées de projet. L'essence ici est vraiment de donner aux idées le nutriment qui les fera prospérer.

Le fossé des possibilités dans ma définition est l'écart entre la localisation d'une idée, d'un projet, d'un produit, d'une société ou d'un pays et le potentiel de ce qui peut être. C'est le fossé entre le statu quo et l'état futur. Combler le fossé des chances a été utilisé principalement aux États-Unis pour faire référence aux méthodes ou voies de combler l'écart d'éducation entre les différents segments de la société ou à combler l'écart d'inégalité entre les mêmes. Aux fins du présent ouvrage, combler le fossé des possibilités désigne le processus consistant à identifier les occasions qui se présentent au sein d'une société ou d'une entreprise et à déployer les bonnes stratégiespour y parvenir Il peut être appliqué comme je l'ai mentionné à des talents individuels, associations, mouvements et pays.

Pour la plupart de ce livre, nous nous sommes concentrés sur des anecdotes du passé, mais dans ce chapitre, nous allons regarder vers l'avenir et appliquer certaines des théories que nous avons apprises à des idées qui peuvent prospérer.

Combler le fossé des possibilités exige une mentalité différente. Nous avons délibérément surestimé cette façon de penser. Nous ne pouvons construire un avenir prospère si nous sommes aussi rigidement attachés au passé. Il faut se débarrasser de la mentalité des éléphants. Les éléphants du cirque ont généralement un anneau autour d'une patte arrière qui est attachée à une boule de métal. Lorsque les éléphants sont capturés jeunes, ils sont entraînés à rester dans le diamètre de l'anneau de la chaîne à la boule métallique. L'éléphant grandit jusqu'à dix fois sa taille, mais parce qu'il a été formé pour rester dans le diamètre de la bague de la chaîne à la boule en métal, si l'éléphant ne pense jamais qu'il peut se libérer en tirant cette boule de métal qui a un poids insignifiant par rapport au poids et à la force de l'éléphant. L'éléphant est tellement attaché à son passé qu'il n'explore pas les possibilités de son futur qui sont différentes de son passé. Nous sommes généralement tellement embourbés par notre expérience passée que nous devenons presque réticents à explorer de nouvelles opportunités. En 2005, avant l'avènement de Facebook, à l'époque de quelque chose appelé Myspace, mon organisation avait créé un programme très futuriste appelé E-World. Pensez à Facebook sur les stéroïdes. Il visait à créer une communauté de confiance de jeunes gens d'affaires qui collaborent pour faire croître des idées commerciales. Idée brillante! Cependant, il n'était ouvert qu'à quelques milliers de personnes au sein de l'organisation. En 2005, seule une petite fraction du monde était en ligne. Après plusieurs discussions avec de grands amis que je dois citer dans ce livre, comme nous avons travaillé en très étroite collaboration) Michael Kern et Zsolt Feher —

nous avons décidé de proposer à notre conseil d'administration d'ouvrir ce programme à tous ceux qui étaient intéressés; Il n'était pas nécessaire que ce soit un programme exclusif aux membres. Cela a été la source de beaucoup de conversations qui ont parfois attiré la passion comme un conjoint jaloux. "Comment osons-nous ouvrir cette prestation aux membres aux non-membres?"

Ces conversations étaient motivées par des expériences passées. Il s'agissait d'un club réservé aux membres, et nous préférerions que cela continue. Puis Facebook est devenu fou en 2006, et le monde électronique s'est étouffé à mort parce qu'une communauté de dix mille personnes n'était pas à la hauteur des sept millions de personnes que comptait Facebook à l'époque. Le monde électronique est mort; nous avons perdu une opportunité parce que nous n'étions pas ouverts à une nouvelle façon de penser. Nous aurions pu être le Facebook avant Facebook. J'ai beaucoup appris de cette expérience.

En regardant vers l'avenir, nous devons être conscients que le monde est plein d'opportunités et qu'il n'y a pas d'idée trop petite pour être transformationnelle. Dans le même ordre d'idées, il n'y a pas de concept trop grand pour être un obstacle à la transformation. De nos salles de gouvernement, des conseils d'administration des entreprises, aux rues des collectivités du monde entier, nous devons embrasser un avenir radicalement différent de notre passé. Cette dernière affirmation peut sembler un cliché, mais elle n'a jamais été aussi pertinente que maintenant dans un monde qui est à la suite de la pandémie du nouveau coronavirus. La pandémie a révélé que les gens peuvent travailler à distance et tirer parti de la technologie pour générer des milliards de revenus. Il a également démontré le pouvoir incroyable qui est entre les mains des gens d'informer et de mal informer. Qu'en un jour une vidéo d'un médecin et pasteur qui revendique l'efficacité de l'hydroxychloroquine comme remède pour le COVID-19 pourrait avoir vingt millions de vues sur YouTube et remettre en question le travail des chercheurs cliniques renommés et même attirer l'attention, Les commentaires et la participation à la distribution par ce qui était autrefois le poste le plus puissant au monde, soit le président des États-Unis. Au moment où j'écris, la controverse fait rage alors que la communauté scientifique est jetée dans la confusion par une simple vidéo. Pas de faits, pas de données, pas de publication dans un journal médical. . . une simple vidéo circulant sur les plateformes de médias sociaux. Avec ou sans la pandémie, le monde semble être arrivé à un carrefour. Les institutions du monde ne semblent plus répondre aux aspirations des peuples. Les gouvernements sont devenus trop obnubilés par des philosophies au lieu de gouverner et de servir le but pour lequel ils existent : maintenir l'ordre et la sécurité, protéger la vie et assurer le bien-être de tous leurs citoyens. Les entreprises et les riches sont devenus trop investis dans la réalisation de bénéfices qu'ils rationalisent l'impact de leurs actions sur la performance des actions de la société. Il est étonnant de voir comment l'écart entre les riches et les pauvres continue à s'élargir. En 2019, selon le Credit Suisse Global Wealth Report, les 1% des plus riches du monde – ceux qui ont plus de 1 million de dollars — possédait 44 pour cent de la richesse mondiale. Rien contre les riches, mais ce n'est pas un modèle durable, et il faut faire quelque chose pour combler le fossé, sans quoi cela crée un déséquilibre phénoménal dans la société, menant au chaos. De l'église à la société civile, les organisations sont devenues si philosophiquement divisées que l'essence même de notre présence sur terre, à savoir notre survie collective, est compromise lorsqu'une religion cherche à survivre aux dépens d'une autre ou qu'une philosophie cherche à dominer à l'exclusion d'une autre. En tant qu'êtres humains, nous avons collectivement fait passer notre survie économique individuelle avant notre survie collective, et les conséquences de cette action sont évidentes dans les milliers de personnes qui sont mortes des suites du coronavirus aux États-Unis en particulier, et dans le monde entier. Face à un ennemi commun, nous nous en sommes remis à nos instincts tribaux, ce qui a conduit à une réponse disparate. L'expression "divisés, nous tombons" n'a jamais été aussi appropriée qu'aujourd'hui, où chaque pays et, dans certains cas, comme aux États-Unis, chaque État ou ville a été laissé à lui-même pour lutter contre le coronavirus. Les conséquences ont été désastreuses. L'histoire se souviendra de cette époque avec consternation.

Malgré ce tableau, la plus grande chance du monde réside dans la vie humaine. De toutes les choses que nous avons cherché à protéger, nous avons la capacité de créer et de détruire, qu'il s'agisse des économies du monde, des systèmes éducatifs, du marché boursier, de l'armée et de toute l'artillerie de précision dans laquelle nous avons tant investi.

Toutes ces choses n'existent que parce que nous leur avons accordé une valeur énorme. Ce que nous n'avons pas réussi à créer, alors même que ce livre est écrit - il y a peut-être des gens qui essaient d'en créer un dans des laboratoires inconnus du commun des mortels - c'est la vie. La vie humaine ! C'est la plus grande opportunité de la planète et la raison pour laquelle combler le fossé des opportunités est le travail le plus significatif que nous devons entreprendre. Le véritable objectif de tout gouvernement, de toute entreprise ou de toute association doit être de servir, de protéger et de préserver la vie, qu'il s'agisse de l'homme ou de la nature.

L'essence de ce livre et de ce chapitre, en particulier, est de favoriser un état d'esprit axé sur les opportunités qui conduira les individus, les entreprises, les associations, les villes et les pays à combler le fossé des opportunités. Combler le fossé des opportunités permettra de sortir des millions de personnes de la pauvreté, d'accélérer la croissance des économies et de transformer le paysage des affaires.

Prenons l'exemple de l'Afrique, un continent que j'ai beaucoup parcouru. J'ai passé du temps avec des dirigeants de tout le continent, des chefs d'État aux chefs de communautés, j'ai rencontré des chefs d'entreprise et je me suis engagé avec des acteurs de la société civile. J'ai voyagé dans des villes et des villages, sur des routes boueuses, marécageuses et sinueuses, à travers des montagnes et des vallées. Et tout ce que j'ai vu, c'est une opportunité. Au milieu des défis que le monde voit projetés sur les écrans de télévision et partout sur l'internet se trouve un incroyable potentiel de transformation économique mondiale. C'est la partie du monde où la population de jeunes croît le plus rapidement, où le niveau d'éducation augmente, où le marché potentiel combiné est de 1,2 milliard, où le revenu par habitant augmente et où les économies connaissent la croissance la plus rapide au monde malgré l'impact de la pandémie de coronavirus. À eux seuls, ces facteurs me font dire que l'avenir est en Afrique. Au début de l'année 2020, j'ai contacté une connaissance suisse pour lui demander s'il serait intéressé par une intervention lors d'un événement en Afrique. Il m'a demandé pourquoi j'organisais un événement en Afrique. "J'ai répondu : "Pourquoi ne le ferais-je pas ? Et il m'a répondu : "L'Afrique est pauvre. Il n'y a pas d'argent là-bas". J'ai quitté cet appel Zoom complètement déçu par la conversation. L'Afrique est pauvre - c'est là que réside l'opportunité. Changez ce discours, donnez-leur la possibilité de sortir de la pauvreté et vous gagnerez de l'argent. En outre, il est incroyablement insensé de penser que les Africains n'ont pas d'argent, alors que leurs richesses ont été pillées pendant près de cinq cents ans.

En 2016, j'ai rencontré un Japonais dans un cadre très inhabituel. Comme je l'ai dit précédemment, je me suis souvent rendu au Japon, en particulier en janvier, pour une convention massive d'hommes japonais en costume noir, comme je l'avais observé la première fois que je m'y suis rendu. Mais lors de ce voyage fatidique, j'ai été invité à un dîner honoré par la présence du vice-premier ministre japonais, Taro Aso. En tant que dirigeant d'une organisation qui comptait plus de quarante mille En tant que dirigeant d'une organisation comptant plus de quarante mille membres au Japon et ancien élève de centaines de milliers de personnes qui, à toutes fins utiles, dirigeaient le pays, j'étais là pour faire ce que font tous les dirigeants d'organisations à but non lucratif : demander de l'argent. Comme c'est le cas dans la culture japonaise, les événements sociaux sont le lieu où se construisent les liens de confiance. Par événements sociaux, j'entends le fait de partager un verre ou deux, voire plusieurs, selon les cas. Assis en face de la table, sur le sol rembourré de coussins - une posture avec laquelle je luttais énormément - M. Aso a fait signe à un autre homme de se joindre à nous, ce qui s'est avéré être un moment de transformation. J'ai rencontré M. Yusuke Saraya, PDG et président de Saraya Co. Ltd, une entreprise dont vous n'avez peut-être pas entendu parler et dont vous n'entendrez probablement jamais parler, mais dont le modèle d'entreprise est remarquablement impressionnant. Présente sur tous les continents, Saraya Co. Ltd. a été fondée en 1952 et s'est développée pour créer une série d'activités qui comprennent aujourd'hui le développement, la fabrication et la vente de produits et de services de santé et d'hygiène, la consultation en matière d'hygiène alimentaire et environnementale, ainsi que le développement, la fabrication et la vente de produits alimentaires. M. Yusuke Saraya, qui a également été vice-président exécutif de la JCI en 1998, a beaucoup voyagé dans le monde, tant pour ses affaires que pour sa passion pour le développement personnel et communautaire. Depuis sa rencontre avec M. Saraya, il a accepté de parrainer deux événements internationaux majeurs, à savoir le Sommet sur le développement de la jeunesse africaine en 2016 en marge de la sixième Conférence internationale de Tokyo pour le développement de l'Afrique (TICAD VI) qui a eu lieu à Nairobi, au Kenya, et le Forum sur les opportunités pour la jeunesse africaine qui a eu lieu à Yokohama, au Japon, en juillet 2019 en marge de la septième Conférence de Tokyo pour le développement de l'Afrique (TICAD VII). C'est important parce que son entreprise n'avait aucun intérêt économique à parrainer cette série d'événements, mais parce qu'elle était convaincue qu'en créant des possibilités d'autonomisation pour la jeunesse africaine, nous pourrions relever les défis les plus complexes de notre époque. Au cours des dernières années, mes échanges avec M. Saraya et son entreprise ont été inspirés par sa vision et son modèle d'entreprise. Saraya East Africa Co. Ltd. possède désormais une unité de production à Kampala, en Ouganda, ce qui est inhabituel pour une entreprise qui possède des unités de production dans le monde entier. Ce que je trouve fascinant, c'est la façon dont l'entreprise a démarré en Ouganda. Tout a commencé lorsque Saraya a joint ses forces à celles du gouvernement dans le cadre d'une campagne nationale de lavage des mains lancée en 2007 dans ce pays.

C'est la notion de renforcement des capacités de l'économie locale, de création d'un marché potentiel et, par conséquent, d'investissement en partenariat avec l'économie locale qui me semble transformationnelle. Au-delà de la production de produits sanitaires, M. Saraya s'est investi dans la construction de la chaîne de valeur pour des opportunités commerciales potentielles. Il s'est associé à un homme d'affaires local à Kampala et a ouvert un restaurant japonais à Kampala. Rien d'extraordinaire quand on sait que l'Ouganda est un pays enclavé et qu'un restaurant japonais a besoin de poisson frais. Il a alors créé un programme de développement de la chaîne de valeur qui s'approvisionne en poisson frais auprès d'agriculteurs ou de pêcheurs locaux à Nairobi et a mis au point la technologie nécessaire pour transporter ce poisson en bon état jusqu'à Kampala, en Ouganda, soit une distance d'environ 660 kilomètres. C'est à cela que ressemble le fait de combler le fossé des opportunités.

L'Afrique, comme je l'ai mentionné, représente un énorme potentiel d'explosion économique si elle est considérée pour l'opportunité qu'elle représente. Les organisations de la société civile ont joué un rôle clé en mettant en lumière les défis de l'Afrique au cours des cinquante dernières années, mais il est temps de changer cet état d'esprit et de projeter les opportunités de l'Afrique. Au lieu de lutter contre la pauvreté, il faut créer des opportunités de prospérité. Au lieu de lutter contre la corruption, renforcez la résilience et l'intégrité. Au lieu d'aspirer à la parité hommes-femmes, développez les femmes leaders. En passant simplement de l'expression du problème à celle de la solution, nous transformons l'approche et construisons un dossier plus attrayant pour la participation et le financement. Il en va de même pour toute initiative commerciale. Au lieu de considérer l'Afrique comme un pays pauvre, comme l'a conclu mon ami suisse, nous devrions considérer l'Afrique comme un marché potentiel, si nous pouvions sortir quatre cents millions de personnes de l'extrême pauvreté au cours de la prochaine décennie ? . . Imaginez à quel point cela transformera la valeur économique. Les Unilever, P&G et Johnson & Johnson du monde entier doivent considérer l'Afrique non seulement comme un marché où vendre leurs produits, mais aussi comme l'avenir de la structure de leur entreprise. De la main-d'œuvre au marché, l'Afrique affectera l'avenir de toutes les entreprises mondiales d'une manière inimaginable. La seule façon de participer à cet avenir inimaginable est d'investir maintenant et de jouer un rôle dans la transformation de l'Afrique. Soutenez le développement du filet de sécurité sociale sur le continent, investissez dans le renforcement des capacités et développez la chaîne de valeur de vos produits actuels et futurs. Participez au développement des infrastructures, construisez un réseau de distribution et contribuez à la préservation de l'environnement. Cela nécessite une transformation massive de la manière dont ces entreprises soutiennent actuellement le développement. Il faut plus qu'un programme symbolique de responsabilité sociale des entreprises (RSE). Elles doivent s'investir dans les communautés qu'elles desservent. Cela va au-delà des dons ou des programmes conçus pour les employés de l'entreprise. Il ne s'agit pas d'une occasion de se faire plaisir, mais d'une contribution délibérée et significative au développement. Si j'étais consulté par de grandes entreprises technologiques telles qu'Amazon et Google, je leur dirais : "Au lieu de vendre le lait, possédez la chèvre". Elles ne doivent pas se contenter d'avoir une représentation en Afrique, elles doivent se tourner vers l'avenir et saisir 1,2 milliard d'opportunités et de croissance. Il est temps de créer un partenariat avec les institutions pour transformer le système éducatif qui répondra aux besoins des marchés futurs. C'est le moment de collaborer à la constitution d'un vivier de développeurs et de gourous technologiques qualifiés pour la prochaine génération, à un coût nettement inférieur à celui pratiqué ailleurs. Les investissements des entreprises, grandes et petites, doivent être délibérés et non pas accessoires par rapport à leurs activités principales. Cela signifie qu'il faut faire faire un bond à l'Afrique pour qu'à l'avenir les femmes n'aient plus à brûler du bois pour préparer les repas de leur famille, grâce à toutes les options disponibles en matière d'énergie renouvelable. Cela signifie que nous pouvons garder les lacs et les rivières d'eau douce propres en révolutionnant la gestion des déchets sur le continent. Les institutions multinationales africaines telles que la Banque africaine de développement doivent revoir leurs structures actuelles et faire de la société civile et du secteur privé des partenaires du développement. Il faut s'efforcer consciemment de ne pas se contenter du statu quo, mais d'imaginer un avenir qui ne se contente pas de relever les défis d'aujourd'hui, mais qui crée des opportunités pour les générations de demain. Nous ne pouvons pas nous efforcer de créer cinquante millions d'emplois pour huit cents millions de jeunes en une décennie et espérer que cela suffira. Nous devons voir plus grand. Nous devons nous efforcer de créer cent millions d'emplois chaque année pendant des décennies. C'est possible parce que tout ce qui entoure l'Afrique doit être repensé et réinventé. La Banque mondiale ne doit pas lutter contre la pauvreté en Afrique en s'appuyant sur les gouvernements, mais doit investir de manière significative dans la société civile et le secteur privé, selon des modalités que seul le plan Marshall a permis d'atteindre dans le passé. Combler le fossé des opportunités en Afrique, c'est mettre l'Afrique au niveau du reste du monde ; si ce n'est pas le cas, l'Afrique restera toujours à la traîne. Nous devons construire des écoles qui n'ont été construites nulle part ailleurs, mettre en place un système éducatif fondé sur les valeurs plutôt que sur les diplômes et l'emploi, des systèmes de santé plus axés sur la prévention que sur la guérison, et des assurances qui récompensent davantage la sécurité que les catastrophes, avoir accès au crédit et à des politiques d'investissement qui stimuleront la créativité, réduiront les inégalités et accélèreront la croissance économique. L'Afrique est une immense opportunité de marché et doit être considérée comme telle, et non comme un patchwork de territoires séparés par des frontières imposées par la colonisation, qui continuent à faire obstacle à la libération du potentiel de ce géant endormi qu'est l'Afrique. Nous devons nous appuyer sur une armée de 800 millions de jeunes, représentant plus de 60 % de la population africaine, pour construire un mouvement qui déclenchera un changement culturel massif et accélérera la plus grande transformation économique possible de l'histoire de l'humanité. C'est cet état d'esprit qui permettra de combler le fossé le plus large qui existe aujourd'hui sur terre en matière d'opportunités.

J'ai pris l'exemple de l'Afrique, mais ce même état d'esprit peut s'appliquer à toutes les régions du monde. De l'Amérique du Sud à l'Asie du Sud-Est en passant par le Moyen-Orient et l'Europe de l'Est, le fossé des inégalités peut être comblé en investissant dans des programmes massifs de renforcement des capacités et de développement des infrastructures qui stimuleront la créativité, créeront des emplois et conduiront à la prospérité. Nous avons vu le résultat de la Chine qui a sorti des centaines de millions de personnes de l'extrême pauvreté. Imaginez la même chose en Inde, en Thaïlande et en Indonésie. Je sais ce que vous pensez . . Qu'il s'agit-il simplement d'une idéologie socialiste ou gauchiste ? Non, ce n'est pas le cas. Il s'agit d'un acompte pour la paix et la prospérité. Lorsque la pandémie de coronavirus a frappé le monde, nous avons vu les gouvernements du monde entier inonder leurs économies d'argent liquide pour les empêcher de s'effondrer. Aux États-Unis, le Cares Act a injecté 5 000 milliards de dollars dans l'économie, protégeant ainsi les emplois et les industries. Personne n'a parlé de socialisme ou d'idéologie gauchiste puisqu'il s'agissait essentiellement de répartir les richesses. Pourtant, si nous avions proposé aux chefs de gouvernement un investissement massif dans le renforcement des capacités et le développement des infrastructures pour seulement 2 000 milliards de dollars, cela aurait été une mission impossible. Cet exercice révèle que nous disposons des ressources nécessaires pour combler le fossé des opportunités, mais que nous manquons sincèrement d'état d'esprit et de volonté. Nous sommes rigidement attachés au passé et avons du mal à imaginer un avenir inconnu et différent. Pour combler le fossé des opportunités, nous devons penser en gros plutôt qu'en détail. La seule façon de nous éloigner des défis d'aujourd'hui pour nous diriger vers un avenir prospère est de penser en gros, de penser grand, audacieux, et d'agir de manière à ce que notre action conduise à une transformation massive.

Les gens parlent de changement, les gens sont conscients que le changement viendra, mais ils le font surtout pour résoudre des problèmes existants, et ils n'envisagent guère un changement radicalement différent de ce à quoi ils ont été habitués. Je me souviens que fin 2018, après une restructuration majeure de l'équipe de mon organisation, nous avons décidé d'avoir des semaines de quatre jours, permettant aux employés de travailler à domicile le vendredi. Nous n'étions pas les premiers à le faire, mais pour être honnête, en tant que dirigeant d'une organisation, je m'inquiétais du niveau de productivité. Pendant des siècles, les bureaux ont fait partie intégrante du travail, mais avec la technologie et la pandémie de coronavirus, nous avons une autre perspective sur la façon dont les gens peuvent travailler à distance. Pendant près de dix-sept ans, j'ai voyagé dans le monde entier en emportant un ordinateur portable et je suis passé de l'internet commuté à l'internet à haut débit (5G), et pourtant j'ai toujours eu l'impression de ne pas être au bureau. Non, le bureau était toujours avec moi, dans les chambres d'hôtel, les salles de conférence, les cafés, les avions, les trains et les ferries. J'ai appris que pour combler le fossé des opportunités, il faut penser au-delà de l'ordinaire, créer des opportunités plutôt que de s'attaquer au statu quo. Je sais que je l'ai répété à maintes reprises tout au long de ce livre. Je vais le faire une fois de plus : les individus, les entreprises et les organisations qui se concentrent sur leurs défis sont définis par leurs défis, tandis que ceux qui se concentrent sur leurs opportunités sont définis par leurs opportunités. Pour passer de la focalisation sur les défis à la focalisation sur les opportunités se fait par un changement d'état d'esprit - d'un état d'esprit orienté vers la résolution de problèmes à un état d'esprit orienté vers les opportunités. Cela se fait par la pratique et l'expérience, jusqu'à ce que cela devienne une seconde nature. Après tout, nous sommes ce que nous faisons de manière répétée.

Pour combler le fossé des opportunités, nous devons pousser chaque idée jusqu'aux limites de ses possibilités. Aucune idée n'est trop petite pour changer le monde. J'ai appris que pour qu'une idée s'épanouisse, elle doit être examinée dans le contexte de domaines clés :

- Élaborer et mettre en œuvre une stratégie.

- Créez un mouvement.

- Maintenir l'intérêt de votre public.

- S'engager dans un plaidoyer.

Ces quatre domaines clés ont guidé mon approche de chaque idée, et les idées ont prospéré ou échoué en fonction de la manière dont j'ai appliqué chacun de ces quatre domaines clés.

Élaborer et mettre en œuvre une stratégie

Le monde regorge d'idées brillantes et de théories étonnantes qui ne trouvent jamais les jambes pour marcher ou les ailes pour voler. Avez-vous déjà pensé à une idée brillante à laquelle vous vous accrochez pendant un jour, une semaine, un mois, une année, puis qui s'évanouit ? Soudain, vous voyez la même idée que vous avez eue pendant des jours, des semaines, des mois et parfois des années être mise en œuvre par une autre personne, et vous regardez en arrière et vous vous dites : "J'ai eu cette idée, mais je ne l'ai pas mise en œuvre". La différence entre ce que vous n'avez pas fait et ce que l'autre personne a fait, c'est la stratégie.

Comme je l'ai dit plus haut, je suis un vétéran, ayant élaboré et mis en œuvre trois plans stratégiques sur dix ans, de 2008 à 2018. Beaucoup de gens ont l'occasion de participer au processus d'élaboration ou de mise en œuvre d'un plan ; peu ont l'expérience de la conduite d'un processus de planification stratégique pour une organisation présente dans plus d'une centaine de pays, très diversifiée et en proie à des différences culturelles et politiques. Avant 2008, en 2004, j'avais été membre du comité de planification stratégique dont le plan a cessé d'être mis en œuvre le jour de son adoption. Cette expérience m'a amené à la conclusion que j'ai aujourd'hui. Une stratégie n'est pas une liste d'idées mais un processus bien pensé, qui fait passer chaque idée, produit ou philosophie de la vision à la réalité. La stratégie est un processus ; elle doit être délibérative, instructive, imaginative et innovante. Le résultat de la stratégie doit inspirer l'action, donner une direction et tracer une voie claire pour atteindre les objectifs d'une organisation à court et à long terme. La stratégie seule ne suffit pas ; sa mise en œuvre doit être sacrosainte. Trop souvent, les organisations et les entreprises se contentent de cocher la case et ne s'engagent pas à respecter les plans qu'elles élaborent. Il doit y avoir une volonté de mise en œuvre, et celle-ci doit être comprise par l'ensemble de l'organisation. Qu'il s'agisse d'une petite ou d'une grande organisation, la stratégie doit être adoptée de telle sorte qu'elle informe toutes les décisions prises par l'organisation. Tout doit être filtré à travers la lentille du plan stratégique et tout ce qui ne s'inscrit pas dans le contexte de la lentille, l'organisation doit cesser de le faire ou s'en abstenir. Ce n'est pas une promenade de santé. Cela exige de la discipline, de la cohérence et un engagement sans faille.

Mon expérience m'a montré que la stratégie doit reposer sur une philosophie. J'ai appris à connaître trois de ces philosophies qui ont guidé mon développement et ma mise en œuvre de la stratégie. Ces philosophies s'incarnent dans trois questions clés à poser qui orienteront l'orientation de toute stratégie.

- Quel est votre objectif ?

- Dans quel domaine voulez-vous être le meilleur ?

- En quoi serez-vous différent ?

Quel est votre objectif ?

Au début de ce livre, j'ai raconté l'effort herculéen que nous avons fait pour redéfinir la mission et la vision de l'organisation. Nous nous étions rendu compte qu'une organisation qui était tout pour tout le monde ne servait finalement pas son objectif. La finalité est la raison pour laquelle votre organisation a été créée ou la raison pour laquelle elle existe. Il est très important de définir la raison d'être de l'organisation, car elle jette les bases sur lesquelles elle sera construite. Pour répondre à cette question, vous devez vous demander pourquoi vous voulez faire ou faites ce que vous faites. Au fil des ans, lorsque j'ai dû faire face à des changements de conseil d'administration et de personnel, j'ai utilisé le travail de Simon Sinek - en particulier une vidéo basée sur son livre Start with Why (Commencez par pourquoi).

Il est intéressant de noter que j'ai trouvé cette vidéo près de trois ans après que nous ayons entrepris de nous concentrer sur le pourquoi de notre organisation, et que son travail soit venu donner du crédit à ce que nous cherchions à accomplir.

Simon Sinek affirme que "les gens n'achètent pas ce que vous faites, ils achètent pourquoi vous le faites". Comprendre et communiquer efficacement votre raison d'être est un bon moyen d'attirer les gens vers votre mouvement, votre organisation ou même votre entreprise.

Alors que le monde change et que les gens sont de plus en plus attirés par les valeurs des individus, des produits ou des organisations, il est très important de comprendre votre "pourquoi" et votre raison d'être. Définir votre objectif vous conduira sur la voie de l'élaboration d'une déclaration de vision et d'une déclaration de mission pour votre organisation. Peu importe le secteur d'activité de votre organisation, peu importe sa jeunesse ou son ancienneté, ce qui compte, c'est que vous compreniez clairement la raison d'être de votre organisation.

Je vous recommande donc de commencer par vous demander "pourquoi" lorsque vous élaborez une stratégie pour votre organisation.

Dans quel domaine voulez-vous être le meilleur ?

En 2008, lorsqu'il m'a été demandé d'élaborer un plan stratégique pour mon organisation de l'époque, j'ai su que j'avais besoin de l'aide d'un expert. Après plusieurs consultations, j'ai rencontré un homme appelé Johnathan Jones, à qui je dois le mérite de m'avoir fait découvrir le travail de Jim Collins. J'ai été particulièrement inspiré par les livres Good to Great et Built to Last. Je recommanderai ces ouvrages à toutes les organisations qui cherchent à élaborer leur stratégie. Depuis que j'ai pris connaissance des travaux de Jim Collins, je m'en suis inspiré, en particulier de ce que l'on appelle le "concept du hérisson".

Le concept du hérisson trouve son origine dans une parabole grecque et est accentué par l'auteur, IIsaiah Berlin, dans Le hérisson et le renard, dans lequel il divise le monde en hérissons et en renards. C'est ce qui a inspiré Jim Collins pour développer le "concept du hérisson".

La parabole grecque ancienne dit : "Le renard sait beaucoup de choses, mais le hérisson sait une grande chose". Alors que le renard est connu pour être un animal rapide, rusé, mignon et élégant, le hérisson est connu pour une seule chose : sa capacité à se défendre. Le renard utilise toutes sortes d'astuces et de techniques pour attraper le hérisson, mais il finit toujours par avoir le nez ensanglanté par les piquants du hérisson. Cette parabole semble résonner en moi, probablement parce que c'est ainsi que la connaissance est transmise en Afrique par le biais de récits anecdotiques. Il existe des centaines d'histoires africaines qui peuvent être racontées de cette manière. Par exemple : "Un bon chasseur ne se reconnaît pas au nombre de combats de lutte qu'il gagne, mais au gibier qu'il ramène à la maison".

La seule chose que vous savez faire le mieux au monde est ce qui vous passionne. C'est votre raison d'être; autrement dit, ce que passionne. vous faites le mieux est déterminé par votre but. Lorsque les gens me demandent des conseils sur le domaine dans lequel ils devraient étudier, je leur demande ce qui les passionne. J'ai grandi dans un pays où les parents voulaient que leurs enfants deviennent avocats et médecins, ni plus ni moins, mais rien de tout cela n'était motivé par la passion. Nos parents voulaient plutôt que nous vivions une vie prospère, dans laquelle nous pourrions gagner notre vie et contribuer à la société. Me voilà, juriste, écrivant un livre et qui n'est pas une soumission légale, après avoir passé la majeure partie de ma vie d'adulte à voyager dans le monde et à inspirer les jeunes à devenir acteurs plutôt que spectateurs de leur destin. Je ne dis pas aux étudiants de poursuivre une profession qui rapporte le plus d'argent; je les conseille généralement de suivre leur passion. En suivant votre passion, vous excellez. Lorsque je me suis assis pour des entrevues avec des membres potentiels de l'équipe, je leur ai toujours dit que si vous cherchez un emploi pour gagner votre vie, cherchez ailleurs, mais si vous recherchez un but, alors j'ai une mission pour vous."

Trouver ce qui vous passionne et déterminer comment vous pouvez en tirer une vie durable est un point de prédilection pour chaque individu, organisation ou association. Déterminer la durabilité de votre passion dépend beaucoup de sa pertinence pour la société en général. Si votre passion résout un défi dans la société ou ajoute de la valeur à la vie des gens, vous êtes susceptible de rendre cette passion économiquement durable. Jim Collins l'a utilisé comme "moteur économique".

Comment serez-vous différent?

Chaque jour, il y a une course continue pour attirer l'attention des gens. Des médias traditionnels aux réseaux sociaux, les gens dévorent une quantité inimaginable d'informations. Du lever au coucher du soleil, les gens sont accessibles : dans leur lit, dans leurs salles de bain, à la table du petit déjeuner, sur le chemin du travail, au travail, au déjeuner, au dîner et au retour au lit. Nous sommes devenus de plus en plus attachés aux discussions de groupe, à la rencontre de vieux amis, au débat sur les théories du complot et à l'envoi de toutes sortes de messages de mèmes scandaleux. Avec tant de lutte pour l'attention, la seule façon d'obtenir l'attention des gens est de se démarquer. Levez-vous et démarquez-vous !

Imaginez cela un instant; une salle de classe traditionnelle (je veux dire ce qui était la salle de classe traditionnelle), où il y a vingt étudiants (eh bien, je viens d'Afrique et ma taille de salle de classe était quarante-huit). Dans cette salle de classe, il y a un enseignant qui se tient devant la salle de classe, donc il obtient l'attention de tout le monde même sans parler. Quand il pose une question et que les étudiants connaissent tous la réponse, ils le crient. La prochaine fois qu'il pose une question, il demande à un élève de se lever et de se présenter devant la classe pour donner la réponse. Laquelle de ces deux réponses les 19 ou 47 autres élèves se rappelleront-ils? Bien sûr, ce sera l'élève qui se tiendra debout et se démarquera. Assez de ce décor traditionnel, revenons à l'avenir.

Au fil des ans, les entreprises de marketing et de publicité ont cherché à se démarquer, à être différentes non pas dans les produits mais pour attirer l'attention des consommateurs. En regardant vers l'avenir, il ne suffit pas de se démarquer, mais vous devez vous tenir debout. Se lever signifie montrer que vous représentez quelque chose de grande valeur. Ne soyez pas seulement une organisation; soyez une organisation qui représente quelque chose. Ne soyez pas seulement une association de comptables; soyez une association qui défend l'éthique des bonnes pratiques comptables. Ne soyez pas seulement une entreprise de location de vélos, mais faites la promotion d'un cyclisme sécuritaire. Ne soyez pas seulement une entreprise de commerce électronique, mais soyez aussi une entreprise qui s'investit dans la protection de la vie privée des consommateurs. Ne soyez pas seulement une entreprise d'investissement, mais investissez dans la construction d'une société plus durable. Ne soyez pas simplement un collège, mais soyez un collège qui construit des citoyens actifs qui, à leur tour, construiront une société meilleure. Les organisations doivent trouver des façons de toucher le cœur des valeurs en vogue de leurs parties prenantes. Être différent signifie positionner votre organisation pour qu'elle fasse partie du gagne-pain de ses parties prenantes.

Il existe différentes écoles de pensée sur ce qu'est une stratégie. J'ai partagé les trois choses qui ont animé mon expérience en stratégie de développement. La chose la plus importante à retenir est que la stratégie vous donnera une orientation. Il vise à faire progresser votre organisation vers sa vision sur une période de temps. Comme je l'ai mentionné plus tôt, la stratégie ne s'adresse pas seulement aux grandes organisations; elle s'adresse à tout le monde. Les petites organisations ne voient parfois pas l'intérêt d'investir pour élaborer une stratégie solide. Il s'agit d'une lutte entre l'investissement des ressources dans le développement de la stratégie et l'investissement dans l'entreprise. Il est paradoxal de penser qu'investir dans la stratégie n'est pas investir dans l'entreprise. La stratégie doit devenir une partie intégrante de l'entreprise si elle doit croître. Je comprends toutefois cette lutte de la part d'une organisation où les gens, chose intéressante, même au conseil d'administration, ne voyaient pas l'intérêt d'investir dans la stratégie pour une organisation à dimension mondiale. Il est toutefois très nécessaire pour la survie de toute organisation. Ne pas avoir de stratégie, c'est ne pas réussir. Sans choix clairs quant à la direction de votre organisation, c'est comme naviguer sur un navire sans destination.

Avoir des choix clairs pour la direction de votre organisation signifie avoir des stratégies claires. Pas de tactiques mais de stratégies. Les stratégies sont un ensemble d'objectifs généraux, tandis que les tactiques sont les mesures à prendre. Les stratégies ne sont pas réalisées du jour au lendemain; elles sont mises en œuvre délibérément sur une période de temps. Les tactiques sont les mesures à court terme qui doivent être prises pour atteindre chaque objectif. Par exemple, nous avons décidé que notre organisation avait besoin d'une nouvelle mission. Après l'adoption de la nouvelle mission, nous avions besoin de tactiques pour la mise en œuvre de la nouvelle mission. Nous avons insisté pour que la mission soit récitée à chaque réunion avec les mots projetés sur un écran. Nous avons créé des bannières d'échantillons à télécharger avec la mission, permettant aux organisations locales du monde entier de les imprimer localement et de les avoir dans leurs salles de réunion. En moins de cinq ans, la mission a été adoptée à 100 % dans plus d'une centaine de pays et près de cinq mille villes. Incroyable! La stratégie et les tactiques sont complémentaires. L'un doit aller avec l'autre. C'est le général militaire chinois Sun Tzu qui a dit : "La stratégie sans tactique est la voie la plus lente vers la victoire. Les tactiques sans stratégie sont le bruit avant la défaite."

Enfin, la stratégie ne fonctionne que si elle est mise en œuvre. Il faut de la discipline et de l'engagement. Les organisations investissent des sommes d'argent prodigieuses pour élaborer des stratégies, elles organisent des groupes de discussion, des sondages, des ateliers et des forums, seulement pour que ces stratégies finissent dans de grandes présentations, des classeurs et des dossiers. Le but d'une stratégie est de donner une orientation. Cela n'arrive que lorsque les personnes touchées par la stratégie s'en approprient. Ils en sont les propriétaires; ils le font. Les organisations doivent désigner ce qui est maintenant communément appelé un dirigeant principal de la stratégie, garant de la mise en œuvre d'un plan stratégique. Cette personne tient l'organisation responsable de la mise en œuvre du plan et justifie cet investissement dans le plan. La stratégie elle-même doit déterminer comment elle sera mise en œuvre dans l'ensemble de l'organisation. J'ai toujours dit qu'une bonne stratégie n'est pas celle qui est mémorisée ligne par ligne par les parties prenantes de l'organisation mais celle qui informe chaque action de ses parties prenantes. Je me souviens avec une grande fierté que nos stratégies ont inspiré des actions historiques comme la Journée mondiale de nettoyage par la Fondation Let's Do It, ou les campagnes comme la Campagne La paix est possible ou le Mouvement Je suis l'Afrique et de nombreuses autres campagnes qui sont menées à travers le monde. La stratégie inspirera des réalisations qui sont inimaginables au moment de la conception. La stratégie comblera l'écart entre votre état actuel et votre état potentiel. Il comblera l'écart entre votre idée et vos réalisations potentielles.

Construire un mouvement

Dans un monde où tout le monde se bat pour attirer l'attention, les voix solitaires, aussi puissantes soient-elles, ne peuvent pas faire la différence. La mobilisation de personnes ayant des intérêts sociaux, économiques ou politiques communs fait une différence. Dans le monde d'aujourd'hui, pour que toute idée prospère, il faut créer une communauté, susciter l'intérêt, donner des moyens et inciter à l'action. Autrefois, les mouvements étaient considérés comme des mouvements de militants et de politiciens. Cependant, aujourd'hui et à l'avenir, pour qu'une organisation puisse croître et prospérer, elle doit construire un mouvement autour de son objectif. Il doit se considérer comme un mouvement.

L'essence de la pensée comme mouvement génère de l'intérêt et crée des opportunités de croissance. Dans le monde d'aujourd'hui, avec la technologie disponible, nous avons la capacité de communiquer avec des gens en dehors des réseaux traditionnels. Nous devons penser à nous-mêmes, à nos produits et à nos organisations comme des panneaux d'affichage mobiles qui peuvent être lus dans tous les coins du monde que la technologie permet. Nous ne sommes plus limités par les frontières et les réglementations nationales comme le faisaient les générations précédentes.

Tout ce que nous faisons aujourd'hui a le potentiel de construire un mouvement autour de cela. Un mouvement facilitera le positionnement, augmentera la sensibilisation et éliminera les distractions bruyantes de la vie quotidienne. Un mouvement comblera le manque d'occasions. Il faudra qu'une idée, une organisation ou une entreprise passe de son état actuel à la réalisation de son plus grand potentiel.

Une banque peut construire un mouvement non seulement de ses clients, mais aussi des clients potentiels. Ce mouvement peut tirer parti de l'engagement de ses membres pour définir l'accès au crédit, comprendre et stimuler les tendances des consommateurs et influencer le changement de politique. Une organisation de membres peut construire un mouvement qui tourne autour de son but et se positionne comme pertinent non seulement pour ses membres mais aussi pour les communautés auxquelles ses membres appartiennent en influençant le changement dans ces communautés. Même une entreprise qui produit un produit aussi peu attrayant que les clous utilisés pour la construction et le bâtiment doit créer un mouvement d'utilisateurs des clous qui assurent l'utilisation sécuritaire des produits de construction, enseignent à leur auditoire comment utiliser les clous et en apprennent davantage sur la façon dont leurs produits peuvent être sécuritaires. Un gouvernement peut créer un mouvement de jeunes et tirer parti des voix et des commentaires des jeunes pour élaborer des politiques progressistes pour l'avenir.

Pour combler le fossé des possibilités, nous devons penser au-delà de l'ordinaire. Ordinaire est ce qu'il est — ordinaire. Un mouvement transforme une organisation ordinaire en une organisation extraordinaire. Un mouvement comblera le manque d'occasions.

Gardez votre public engagé

Construire un mouvement, c'est comme construire une tente et inviter les voisins. Une fois que la tente commence à se remplir, il doit y avoir des activités qui gardent les gens à l'intérieur, sans quoi ils vont glisser vers la prochaine tente et ensuite vers la prochaine tente. Dans le nouveau monde où nous vivons, nous devons penser à l'engagement de la même façon que nous pensons à l'engagement dans le contexte d'un public dans une salle. Les gens vont vérifier si vous ne gardez pas leur attention. Lorsqu'ils s'en vont, leur attention se dirige ailleurs. Il n'y a rien de tel que l'engagement excessif. Si les gens se sentent dépassés, c'est ce que vous faites qui les désactive. Quelle est votre histoire? Dites-le autant de fois que possible. Quelles sont vos valeurs? Sont-ils en accord avec ceux de votre public? Montrez-leur. Comment voulez-vous que votre public agisse? Montrez-leur et défiez-les de faire la même chose. Être un centre de connaissances; les gens veulent apprendre quelque chose de nouveau, alors nourrissez-les avec des connaissances. Créer des occasions d'engagement constant; utiliser les événements numériques ou en personne comme moyen de communiquer directement avec votre public.

J'ai déjà mentionné un sommet international pour la paix que nous avons organisé à Kuching, dans l'état de Sarawak, en Malaisie, en 2017, et qui a attiré près de 800 militants de 32 organisations du monde entier. En prélude à ce sommet, nous avons lancé l'année précédente une campagne mondiale intitulée "La paix est possible". Le 21 septembre dernier, nous avons mobilisé quatre millions de personnes qui se sont engagées en faveur de la paix. Nous avons construit la tente, établi la crédibilité et l'année suivante, nous avons créé un sommet international pour continuer à mobiliser ce public. Il est à noter que nous dirigions une organisation de près de deux cent mille personnes, et pourtant nous avons pu atteindre quatre millions de personnes et attirer trente - deux autres organisations à nos campagnes et sommet, respectivement. Nous avions également d'autres formes d'engagement, notamment six activités que les gens du monde entier pouvaient faire pour contribuer à la paix. En six mois, des activités ont été menées dans plus de 80 pays. Je n'oublierai jamais les images d'une marche pour la paix dans la ville déchirée par la guerre d'Alep, en Syrie, et de penser à l'incroyable chose qu'une simple idée pourrait faire pour changer le monde. Nous avons commencé par élaborer une stratégie, créé un mouvement et maintenu le mouvement en activité.

Entreprendre des activités de représentation

Un public habilité peut exercer un pouvoir de transformation. Les organisations dépensent des sommes énormes pour que les lobbyistes modifient leurs politiques ou maintiennent le statu quo. Les organisations travaillent habituellement avec des lobbyistes pour protéger leurs intérêts. Le lobbying en tant que métier n'est généralement pas perçu de façon positive. Le commerce est perçu comme opaque. Cependant, le lobbying se fait tous les jours et partout, qu'il soit réglementé ou non. Ce sont les sommes massives d'argent qui changent de mains qui le rendent douteux. Les organisations qui commencent à créer des mouvements de publics engagés devront tirer parti de ces publics pour influer sur le type de changement qu'elles souhaitent voir. Prenons par exemple la Saraya Co. Ltd., dont j'ai parlé plus tôt. Ils se procurent des matières premières en Malaisie, notamment de l'huile de palme, et comme la plantation d'huile de palme implique que d'énormes zones de forêt doivent être exploitées, elle a un impact sur la population d'éléphants. La société Saraya est maintenant devenue un défenseur de la conservation de la faune et investit beaucoup dans ce domaine. À l'avenir, la Saraya Company peut inciter les consommateurs de ses produits à devenir des défenseurs de la conservation de la faune, en leur demandant de contribuer financièrement ou en chargeant leur législateur de créer des politiques qui soutiendront ou encourageront la conservation de la faune.

Avec les progrès technologiques rapides, les consommateurs continueront à exercer un pouvoir incroyable. Dans leurs mains se trouveront le succès ou l'échec de millions de produits, l'avenir des organisations et les destins des pays . . . et, je dirais la race humaine. Les organisations qui comprennent et tirent profit de cette situation en utilisant ces quatre piliers pour combler le manque d'occasions réussiront. Le terrain de jeu est nivelé, mais la voie à parcourir exigera une stratégie bien conçue.

Combler le fossé des possibilités est une philosophie qui repose sur la simple conviction qu'en se concentrant sur ce qui est possible, on peut y parvenir. Il exploite des occasions qui ont le potentiel de transformer le monde. Le monde est plein de gens qui ont des idées incroyablement novatrices qui peuvent transformer l'humanité. Trop de ces idées meurent parce que ces rêveurs ne voient ou ne rencontrent que des obstacles sur leur chemin. Mais alors que le monde change — rapidement —, les économies traditionnelles ne seront plus en mesure de répondre aux aspirations des nouvelles générations qui aspirent à des aventures qui dépassent les frontières et les contours nationaux. Ces prochaines générations, peu importe le nom que vous leur donnez, verront de plus en plus le monde différemment des boomers, des gens de la génération X et des milléniaux. Le monde doit se préparer à une transformation qui dépasse notre compréhension. La seule façon d'atténuer l'impact de cette transformation massive qui est sur le point de frapper le monde, c'est de combler le fossé des possibilités.

Il y a quelques années, alors que je siégeais au conseil d'administration du Centre Ban Ki-moon pour la citoyenneté mondiale, j'ai eu l'honneur de m'être vu demander d'enregistrer et d'enseigner un cours sur la citoyenneté mondiale. Je ne savais pas quoi enseigner, j'ai passé des semaines à me procurer toute la littérature sur la citoyenneté mondiale que je pouvais trouver. J'ai été étonné de ce que j'ai découvert. Depuis que les premiers navires ont quitté l'Europe, en contournant la côte ouest-africaine par les Portugais au début du 14e siècle comme il a été écrit dans l'histoire, cela a déclenché un mouvement vers la mondialisation qui se poursuit aujourd'hui. Ce mouvement a connu des bouleversements, mais il a largement progressé, reliant le monde chaque année qui passe. Fidèle à la nature humaine, le mouvement vers la mondialisation a été limité par notre instinct tribal ; en tant qu'êtres humains, nous avons cherché à protéger les nôtres contre l'inconnu ou à conquérir et dominer les faibles. Les conflits et le contrôle éventuel des territoires ont suivi, puis les notions d'États, la lutte pour l'indépendance, et la reconnaissance éventuelle que les êtres humains naissaient égaux. Tous ces bouleversements ont été surmontés par notre interdépendance. Les êtres humains ont toujours été à la recherche d'opportunités qui rendront leur vie meilleure. Alors que nous vivons dans un monde qui est bien plus avancé que ce qu'il était lorsque ces marins ont mis les voiles vers le monde largement inconnu, l'humanité Le désir de chercher des pâturages ou des opportunités plus verts continue et continuera, peu importe les murs ou les ponts que nous construisons. Ces mouvements humains ne sont peut-être pas aussi glamour que l'époque de Bartholomew Diazes, mais ils sont certainement aussi aventureux. Prenons le mouvement des réfugiés économiques d'Afrique traversant la mer Méditerranée et les milliers de personnes qui meurent dans ce processus. Prenons le mouvement des migrants économiques de l'Amérique du Sud vers l'Amérique du Nord, malgré le terrain périlleux. Ces mouvements peuvent être vus sous un prisme sociopolitique, mais ils ont un impact socio-économique énorme tant au Nord qu'au Sud qui transformera l'avenir du monde d'une manière que nous ne pouvons pas concevoir à ce moment. Cela démontre aussi largement un écart phénoménal dans le progrès humain, même si nous convenons que tous les êtres humains naissent égaux mais, évidemment, inégaux en termes de possibilités.

J'ai appris, en enseignant un cours de citoyenneté mondiale, que parce que nous vivons sur la planète Terre et que nous sommes de plus en plus interconnectés et interdépendants, nous avons des défis qui ne peuvent plus être résolus dans le cadre des frontières nationales. Du changement climatique à la traite des êtres humains, de la pauvreté aux droits de l'homme, ou de l'économie à l'éducation, toutes ces questions qui n'étaient autrefois traitées que dans le cadre d'un pays ou d'un traité sont maintenant comprises comme affectant le monde beaucoup plus largement, au-delà des frontières artificielles. Le monde doit repenser.

Le monde a besoin d'un état d'esprit plus proactif que réactionnaire. Nous devons développer une nouvelle génération qui ne cherche pas à perpétuer le statu quo ou à atteindre la réalité d'aujourd'hui, mais qui peut consciemment et consciencieusement concevoir son avenir pour être plus inclusif, plus prospère et plus écologiquement durable. Il s'agit d'un état d'esprit qui peut être développé chez les individus, dans les organisations, dans les gouvernements, et pourquoi pas à l'échelle mondiale?

Vous devez penser, *tel un rêveur*. Comment cela est-il possible? Ne vous y trompez pas. Je comprends qu'il y aura des échecs et des revers. Je comprends que la voie du succès, toute réussite, est Incroyablement ardu, mais je sais avec certitude qu'il y a de la place pour la croissance et l'expansion lorsque nous nous concentrons sur ce qui est possible par opposition à ce qui est impossible. Je sais que si nous nous concentrons sur nos occasions, nous serons définis par les occasions. Nous pouvons construire un monde défini par nos possibilités. Cela commence par changer simplement notre façon de penser. Par exemple, au lieu de lutter contre la pauvreté, concentrons-nous sur la création de prospérité pour des millions de personnes. Au lieu de nous concentrer sur le changement climatique, concentrons-nous sur les modes de vie durables. Au lieu de lutter contre l'analphabétisme, que diriez-vous de donner à chaque être humain la capacité d'atteindre son plus grand potentiel? Voici quelques exemples de la façon dont nous pouvons renverser le paradigme et commencer à travailler pour y parvenir. Nous pouvons réaliser toutes ces choses, aussi ambitieuses qu'elles puissent paraître, si nous y consacrons nos esprits. Nous, en tant que race humaine, n'avons accompli que les choses auxquelles nous avions fixé nos esprits.

Tout ce que j'ai partagé avec vous jusqu'à présent provient de ce que j'ai vécu et recherché et auquel je crois profondément et passionnément. Pendant près d'un demi-siècle de ma vie — une vie riche en expériences, pleine de revers et de victoires —, j'ai toujours été impatient de changer, mais cette impatience a disparu. Je dois conclure que la seule chose qui se dresse sur la voie du changement est l'esprit humain. Je sais très bien que l'esprit humain est capable d'imaginations et de réalisations étonnantes; il est aussi capable de créer des barrières monstrueuses. J'ai observé que l'esprit peut être formé pour voir les possibilités plutôt que les impossibles. Que ce à quoi l'esprit est entraîné à croire, il le fera. Ce que l'esprit croit, il peut amener le corps à réaliser. Je sais aussi que le rythme d'évolution de nos économies, de nos institutions, est en retard sur ce dont nous sommes humainement capables. Le monde a besoin d'un catalyseur! Il faut que des gens comme vous pensent et agissent différemment, embrassant un avenir qui dépasse la compréhension. La capacité d'embrasser un futur aussi inconcevable qui, heureusement, nous a amenés à l'internet, qui nous a emmenés sur la lune et retour, qui a permis de sortir plus de cinq cents millions de personnes de l'extrême pauvreté en une décennie, et qui a vu la création de richesse la plus rapide de l'histoire humaine.

Par conséquent, j'espère que ce livre inspire des possibilités et déclenche l'action. J'espère que vous ferez une pause à ce stade et que vous examinerez la façon dont vous avez abordé les problèmes en tant qu'individu. Avez-vous mis l'accent sur les possibilités ou sur les défis? Vous dirigez une organisation ou une entreprise? Comment avez-vous interagi avec votre équipe ou le conseil d'administration, les employés ou les membres? Êtes-vous un activiste, voulant diriger un mouvement pour changer quelque chose? Quelle a été votre approche pour exiger le changement? Une petite entreprise avec une idée brillante mais qui fait face à des vents contraires, comment allez-vous développer votre stratégie? Quelle philosophie adoptez-vous? Avez-vous l'ambition de vous présenter aux élections? Est-ce que vous cataloguez des problèmes, ou proposez-vous des solutions qui vont faire un bond dans votre communauté ou votre pays? Êtes-vous le chef d'une famille, d'un ménage, d'une sœur ou d'un frère? Comment gérez-vous les défis? Vous êtes pris dans des querelles générationnelles ou vous envisagez l'avenir avec un grand optimisme ? J'espère sincèrement que nous pourrons susciter un mouvement sur la façon dont nous pensons à l'avenir. Un mouvement où nous pouvons regarder le monde non pas comme il est aujourd'hui, mais choisir de concevoir un monde pour ce qu'il devrait être basé sur les valeurs qui nous animent. Je vous invite à nous rejoindre pour "combler le fossé des possibilités". Je vous invite à vous joindre à ce mouvement, à partager vos idées, vos pensées et vos expériences, et à nous lancer dans un voyage de transformation – un individu à la fois, une organisation, une communauté, un pays, et à laisser ce mouvement devenir un catalyseur du changement.

Permettez-moi de terminer avec ces mots : si on vous donnait une toile pour peindre un futur, le peindriez-vous tout sombre et lugubre, ou le peindriez-vous tout coloré et lumineux? Le destin du monde est dans votre main et, à chaque coup de pinceau, vous lui donnez la couleur et la sensation que vous voulez. Quel sera votre choix?

FIN

INDEX

A

Abang Abdul Rahman Zohari Abang Openg, 64
Africa, 64, 88, 89, 90, 99
Africa 80, 88, 89
Afrique du Sud, 21, 32, 44, 74, 80, 88 , 90, 91
Alcoa, 45, 46
Alufohai, Desmond, 27
Amazon, 4, 5, 8, 101
Asie, 69, 72, 77, 83, 102
Aso, Taro, 98

B

Banque Africaine de Développement, 101
Berlin, Isaiah
The Hedgehod and the Fox, 107
big-picture thinking, 49, 53
Buthelezi, Mangosuthu , 62-63

C

Cameroun, viii, xi, 6, 11, 26, 40, 41, 42, 51, 52, 87
Cares Act, 102
Chadwick, Florence, 6, 60

Coca-Cola Company, 86, 87
Collins, Jim ,9, 15, 85, 107, 108
Good to Great, 9, 107
Grand par choix, 14
comité
exécutif , 73
planification stratégique, 9-10, 15, 17, 22, 105
concept du hérisson, 107
Congrès National Africain, 62
coronavirus, 40, 41, 52, 53, 81, 95, 96, 97, 102, 103
corruption , 29, 50, 51, 100
Coupe du monde, 6
credits, 29, 96
Crutchfield, Leslie
Forces for Good, 22

D

Duhigg, Charles
The Power of Habit, 46

E

Éducation, 66
effet de bloc, 91
E-World 94
état d'esprit d'opportunité, 7, 14, 23, 18, 20

F

Facebook, 41, 94, 95
Factfulness (Rosling), 2
Fonds mondial pour l'autonomisation des jeunes, 21
Forces for Good (Cruchfield and Grant), 22
Fotso, Victor
    Le chemin de Hiala, 87
Front patriotique rwandais, 7

G

Global Citizen, 88, 90, 91
Goldsmith, Marshall, 56
Good to Great (Collins), 9, 107
Grant, Heather Mcleod
    Forces for Good, 22
Grand par choix (Collins), 15

H

Hammamet (Tunisia), 2, 3, 4
Hérisson et le renard, Le (Berlin), 107
Holmes, Elizabeth, 37
hôpital général de Limbe, 25, 27, 30
Hougaard, Rasmus, 67
Hutu, 7

I

I Am Africa, 83, 103
I Am Cameroon, 52
impact, 7, 10, 11, 12, 14, 17, 18, 20, 22, 23, 26, 33, 40, 44, 47, 65, 71, 83, 96, 97, 114, 115, 116,
    durable, 18
internet, 82, 97, 103, 118
Irish Times, 62

Isidore, Chris, 5

J

Japon, 77-78, 99-100
    culture of, 77-78, 89
    government of, 79
JCI (la Jeune Chambre Internatio nale), xi-xii, 12, 13, 18, 20-22, 26, 35, 40, 68, 79
JCI Cadre de citoyens actifs de, 12-15, 18, 44
JCI Afrique du Sud, 74
JCI Japon, 79

K

Kennedy, John Fitzgerald, 30
Kodama, Edson, 3
Kuching (Sarawak), 64, 113

L

La paix est possible, 21, 111, 113
Lacunes en matière d'opportunités, 113
Lam, Angelica, 68
leadership, xi, 10, 50, 53, 55, 56, 57, 58, 59, 60, 61, 62, 63, 74, 79, 90
Le chemin de Hiala, 87
Les Nations Unies, 22, 79
Lions indomptables, 6

M

Maktoum, Mohammed bin Rashid al, 121
Mandela, Nelson, 62, 81
Marriott, Alice, 67
Marriott International, 67, 68

Marriott, J. W., 63
Mathobi, Tjibo, 74
mentalité des éléphants, 94
Moyen-Orient, 53

N

naive audacity , 26, 30, 32, 35, 37,
    38, 39, 40, 42
Nakate, Vanessa, 80

O

Obama, Barack, 38
Objectifs de développement durable,
    21, 22, 79, 89,
O'Niel, Paul, 45
Opportunité, 106
opportunity mindsent, 7, 14, 23, 52,
    90
organisation, 1, 3-4, 7, 9, 13, 18,
    20, 22, 42, 53–54, 56, 97,
    101, 103, 105–6
    à but non lucratif, 22 , 98
    des forces des, 12
    mission de l', 55 , 98
Ouganda, 99

P

Panama, 68, 69
Pemberton, John , 86, 87
Power of Habit, The (Duhigg), 46

R

Rosling, Hans
    Factfulness, 2
Rwanda, 7, 8

S

Sarawak, 21, 64, 113
Saraya Company, 114
Saraya, Yusuke, 98-99
Sears, 4, 5
Shah, Neha, 91
Sheldrick, Michael, 88
Sinek, Simon, 106
sommet africain sur le développe
    ment de la jeunesse, 89-90
sociétés, 4, 65,
    investissements des , 93
survie collective, 96
Suzuki, Severn, 33-34, 35, 40

T

test de la guimauve, 43
Theranos, 37, 38
Thompson, Derek, 4
Thunberg, Greta, 40
Transformunity, xii
Trump, Donald John, 35

W

Wagner, Rodd , 45

www.ingramcontent.com/pod-product-compliance
Lightning Source LLC
Chambersburg PA
CBHW051213120626
46547CB00013B/1328